Robert T. Kiyosaki

Wie Sie reich werden, ohne auf Ihre Kreditkarte zu verzichten

Wie Sie gute Schulden nutzen und schlechte vermeiden

FBV

Bibliografische Information der Deutschen Nationalbibliothek
Die Deutsche Nationalbibliothek verzeichnet diese Publikation in der Deutschen Nationalbibliografie. Detaillierte bibliografische Daten sind im Internet über https://dnb.de abrufbar.

Für Fragen und Anregungen
info@finanzbuchverlag.de

Wichtiger Hinweis
Ausschließlich zum Zweck der besseren Lesbarkeit wurde auf eine genderspezifische Schreibweise sowie eine Mehrfachbezeichnung verzichtet. Alle personenbezogenen Bezeichnungen sind somit geschlechtsneutral zu verstehen.

1. Auflage April 2023

Türkenstraße 89
80799 München
Tel.: 089 651285-0
Fax: 089 652096

Die englische Ausgabe erschien 2011 bei Plata Publishing unter dem Titel *Rich Dad's Guide to Becoming Rich Without Cutting Up Your Credit Cards*.

Redaktion: Manuela Kahle
Korrektorat: Anja Hilgarth
Umschlaggestaltung: in Anlehnung an das Cover der Originalausgabe
Pamela Machleidt, München
Umschlagabbildung: Plata Publishing, LLC; Rich Dad Company
Satz:Helmut Schaffer, Hofheim a. Ta.
Druck: CPI books GmbH, Leck
Printed in the EU

ISBN Print 978-3-95972-670-2
ISBN E-Book (PDF) 978-3-98609-290-0
ISBN E-Book (EPUB, Mobi) 978-3-98609-291-7

Inhalt

Einführung 5

Kapitel 1
Was ist der Preis dafür, geizig zu sein? 13

Kapitel 2
Was ist der Preis eines Fehlers? 27

Kapitel 3
Was ist der Preis der Bildung? 41

Kapitel 4
Was ist der Preis für den Verzicht auf Ihre Kreditkarten? 69

Kapitel 5
Was ist der Preis dafür, schlechte Schulden loszuwerden? 100

Kapitel 6
Was ist der Preis der Veränderung? 113

Schlusswort
Was ist der Preis dafür, Ihren Finanzbericht in Ordnung zu bringen? 134

Anhang 139

Über den Autor
Robert Kiyosaki 140

Einführung

Die meisten Menschen kennen die Fernsehsendung *Wer wird Millionär?*. Unter dem Titel *Who Wants to Be a Millionaire? (Wer will Millionär werden?)* wurde sie in den Vereinigten Staaten über Nacht ein Erfolg und bald von Zuschauern auf der ganzen Welt gesehen. Alles, was die Teilnehmer tun mussten, war, eine Reihe von Wissensfragen zu beantworten. Mit jeder richtigen Antwort verdienten sie mehr Geld, bis sie schließlich einen Jackpot von 1 Million Dollar knacken konnten.

Es dauerte nicht lange, bis die Frage »Wer will Millionär werden?« zu einer allseits beliebten Redensart wurde. Bei so viel Fixierung auf Geld, Reichwerden und große Lotteriegewinne ist die naheliegendere Frage: »Wer will *nicht* Millionär werden?«

Und ja, es ist möglich, in einer Spielshow 1 Million Dollar zu gewinnen. Es ist auch möglich, Millionen von Dollar durch einen Lottogewinn zu erhalten. Und es ist möglich, Millionär zu werden, indem man in einen Börsengang investiert. Sie könnten sich für den Rest Ihres Lebens reich zur Ruhe setzen. Tatsächlich gibt es heute mehr Möglichkeiten, reich zu werden, als zu irgendeiner anderen Zeit in unserer Geschichte. Vielleicht ist das der Grund, warum die Idee, reich zu werden – und das je schneller, desto besser –, weltweit so beliebt ist .

Ich weiß noch, wie ich zu meinem Buch *Rich Dad Poor Dad* interviewt wurde und die Interviewerin fragte: »Kommen Sie, warum sagen Sie uns nicht die Wahrheit? Haben Sie Ihr Buch nicht einfach nur geschrieben, um von dieser ›Werde schnell reich‹-Manie zu profitieren, der die Nation überrollt?« Diese Frage überraschte mich wirklich, und mir fehlten erst einmal die Worte. Schließlich antwortete ich: »Wissen Sie, ich habe das nie so gesehen. Und ich kann verstehen, warum Sie denken, dass ich genau aus diesem Grund ein Buch schreiben würde. Ich wünschte, ich könnte sagen, dass ich so klug bin – klug genug also, um mein Buch auf genau diesen Moment in der Geschichte abzustimmen –, aber ich fürchte, ich bin es nicht. Ich habe dieses Buch geschrieben, weil ich die Lektionen über Geld weitergeben wollte, die ich von meinen beiden Vätern gelernt habe.«

Ich hielt kurz inne und sagte dann: »Mein Buch vermittelt eigentlich genau die gegenteilige Botschaft dieser Spielshows und Lotterien. Es gibt heute in der Tat einen Wahn, schnell reich zu werden. In meinem Buch geht es zwar darum, reich zu werden, aber *nicht* darum, schnell reich zu werden.«

Die Moderatorin schenkte mir ein skeptisches Grinsen. »Wenn Sie also nicht Teil dieser ›Werde schnell reich‹-Manie sind, was schlagen Sie dann vor? *Langsam* reich zu werden?«

Mir war klar: Mit diesem Sarkasmus forderte sie mich heraus. Vor Millionen von Zuschauern musste ich versuchen, einen kühlen Kopf zu bewahren. Ich zwang mich also zu einem Lachen als Antwort auf ihren bissigen Kommentar und sagte: »Nein, in meinem Buch geht weder darum, schnell reich zu werden, noch darum, langsam reich zu werden.« Dann lächelte ich erneut und wartete auf ihre nächste Frage. Sie schwieg zunächst, und die Stille war kaum auszuhalten, doch ich blieb so ruhig wie möglich und sah ihr fest in die Augen..

Schließlich lächelte auch sie und fragte: »Und worum geht es in Ihrem Buch?«

Ich grinste und antwortete: »Es geht um den *Preis* des Reichwerdens.«

»Den Preis?«, antwortete sie. »Was meinen Sie mit ›dem Preis‹?«

Gerade als sie die Frage stellte, signalisierte ihr die Produzentin, dass unsere Zeit abgelaufen sei. Daraufhin drängte sie mich, mich mit meiner Antwort zu beeilen, und ich beendete das Interview mit den Worten: »Die meisten Menschen wollen reich werden. Das Problem aber ist, dass nur wenige Menschen bereit sind, den Preis dafür zu zahlen.«

Das Fernsehinterview war zu Ende. Die Moderatorin bedankte sich bei mir, und es wurde zum nächsten Werbespot geschaltet. Damals hatte ich nicht die Möglichkeit zu erklären, was meiner Meinung nach der Preis dafür ist, reich zu werden. Dieses Buch holt die Erklärung nach.

Wer zahlt den *Preis*?

Eine Regierungsstudie untersuchte Menschen im Alter von 20 bis 65 Jahren. Bis sie 65 Jahre alt wurden, das ergab die Studie, waren:

1 %	reich
4 %	wohlhabend
5 %	noch am Arbeiten, weil sie es mussten
54 %	von der Unterstützung durch Familie oder Staat abhängig
36 %	verstorben

Darüber hinaus haben mehr als 35 Prozent des reichen 1 Prozents ihren Reichtum geerbt, ebenso wie ein großer Prozentsatz der wohlhabenden 4 Prozent.

Die Frage ist: Was haben die 5 Prozent Reichen und Wohlhabenden getan, was die anderen nicht taten? Welchen Preis haben die 5 Prozent bezahlt, den die anderen nicht zahlten?

Bedeutet ein großes Haus, dass man reich ist?

Als ich jung war, fuhr mich mein reicher Vater am Haus eines Klassenkameraden vorbei, das in einer sehr wohlhabenden Gegend lag. Ich fragte ihn, ob der Vater meines Klassenkameraden reich sei. Mein reicher Vater lachte und antwortete: »Ein gut bezahlter Job, ein großes Haus, schöne Autos und teure Urlaube bedeuten nicht, dass man reich ist. Es könnte sogar genau das Gegenteil bedeuten. Ein ausschweifender Lebensstil bedeutet nicht, dass man klug oder gut ausgebildet ist. Er könnte genau das Gegenteil bedeuten.«

Die meisten von uns sind klug genug, um zu verstehen, was Rich Dad mit dieser Aussage meinte. Doch ich glaube, einer der Gründe, warum so viele Menschen ihr Leben lang Lotto spielen, ist, dass auch sie gerne ein schönes großes Haus, teure Autos und all die anderen Annehmlichkeiten hätten, die man mit Geld kaufen kann. Es ist zwar möglich, durch einen Lottogewinn Millionen zu gewinnen, aber tatsächlich sind die Chancen dafür äußerst gering. Ebenso wie ein großes Haus nicht unbedingt bedeutet, dass man reich ist, ist das Herumsitzen und Schauen einer Spielshow oder das Wetten auf Glückszahlen nicht der Preis, den die meisten der oberen 1 Prozent bezahlt haben, um reich zu werden.

Was ist der Preis dafür, reich zu werden?

Es gibt viele verschiedene Möglichkeiten, reich zu werden. Ein Lottogewinn oder der Sieg in einer Spielshow sind nur zwei Beispiele. Man kann auch reich werden, indem man geizig ist, ein Gauner wird oder gar eine reiche Person heiratet. Viele Menschen suchen aktiv nach reichen Partnern zum Heiraten.

Seien Sie vorgewarnt: Jede Methode, großen Reichtum zu erlangen, hat ihren Preis, und dieser Preis wird nicht immer in Geld gemessen.

Der Preis für die Teilnahme an Spielshows und das Wetten in einer Lotterie ist, dass *die überwiegende Mehrheit niemals reich werden wird – und das ist ein sehr hoher Preis, den man zahlen muss*. Es gibt bessere Wege, reich zu werden, mit viel besseren Chancen, aber die meisten Menschen sind nicht bereit, diesen Preis zu zahlen. Es gibt sogar einige Wege, bei denen die Chancen, reich zu werden, für den Einzelnen günstig sind und die nahezu garantieren, dass er reich wird. Aber es gibt einen Grund, warum laut der Studie nur 1 Prozent tatsächlich reich werden – im nahezu reichsten Land der Welt: Die meisten wollen reich sein, aber sie sind nicht bereit, den Preis dafür zu zahlen.

Was also ist der Preis? Wenn ich sagen würde: »Ich wünschte, ich hätte den Körper eines Weltklasse-Athleten«, würden die meisten von Ihnen sagen: »Ziehen Sie Ihre Laufschuhe an, laufen Sie fünf Meilen am Tag, gehen Sie drei Stunden am Tag ins Fitnessstudio und hören Sie auf, sich mit Pizza vollzustopfen.« Das ist es, was ich mit Preis meine.

Und ich würde wahrscheinlich antworten: »Gibt es eine andere Möglichkeit, einen solchen Körper zu bekommen?« Millionen von Menschen würden gerne einen tollen Körper haben, aber nur wenige sind bereit, den Preis dafür zu zahlen. Und deshalb fallen sie auf falsche Werbeversprechen herein, die sagen: »Sie werden abnehmen und können trotzdem essen, was Sie wollen. Nehmen Sie einfach diese kleine Zauberpille.« Oder: »Sie können wie dieses umwerfende Model aussehen, ohne Sport zu treiben oder eine Diät zu machen.« Ganz gleich, ob es um Geld geht, einen sexy Körper, tolle Beziehungen, Glück oder was auch immer wir Menschen uns wünschen, die Werbeindustrie lässt sich eine Kampagne einfallen, die den schnellen und einfachen Weg zum Ziel verspricht. Die meisten dieser in der Werbung angepriesenen Produkte funktionieren nicht, doch die Menschen, die sie kaufen, probieren alles aus, um die harte Arbeit nicht selbst zu leisten zu müssen oder den wirklichen Preis zu zahlen.

Ich erzähle oft von dem 385-Dollar-Immobilien-Investitionskurs, den ich vor vielen Jahren in einer Fernsehwerbung gekauft habe. Ich erinnere mich, wie ich zu Hause saß und durch die Kanäle surfte, als ich auf diese Werbung stieß.

In der Anzeige wurde ich aufgefordert, an einem kostenlosen Abendseminar im Hilton Hawaiian Village teilzunehmen, einem Hotel am Strand von Waikiki, das sich in unmittelbarer Nähe meiner Eigentumswohnung befand. Ich rief an, um meine Reservierung vorzunehmen, und nahm an dem kostenlosen Seminar teil. Dann meldete ich mich für das 385 Dollar teure Wochenendseminar an. Da ich damals noch im Marine Corps war, lud ich einen Fliegerkollegen ein, mit mir das Wochenendseminar zu besuchen. Er hasste das Seminar, nannte es eine totale Abzocke und Zeitverschwendung und bat um eine Rückerstattung. Zurück im Geschwader sagte er zu mir: »Ich wusste, dass es eine Abzocke sein würde. Ich hätte nie auf dich hören sollen.«

Meine Erfahrung war völlig anders. Ich verließ das Seminar, nahm die Bücher und Kassetten mit, las und hörte sie und verdiente mit den Informationen, die ich auf diesem Seminar gelernt habe, Millionen von Dollar.

Wie ein Freund einige Jahre später zu mir sagte: »Das Problem deines Freundes war, dass er zu klug war und nichts aus dem Kurs gelernt hat. Du warst dumm genug, dem Ausbilder zu glauben, und hast getan, was er dir beigebracht hat.«

Auch heute noch empfehle ich Menschen, sich für Seminare anzumelden, um die Grundlagen des Immobilienkaufs, der Unternehmensgründung, der Aktienanlage oder was auch immer zu erlernen. Oft höre ich dann aus dem Publikum: »Aber was ist, wenn der Kurs nichts taugt? Was, wenn ich über den Tisch gezogen werde? Was ist, wenn ich nichts lerne? Außerdem möchte ich keine Toiletten reparieren oder mitternächtliche Anrufe von Mietern erhalten.« Wenn ich solche Kommentare höre, antworte ich gewöhnlich: »Dann ist es am besten, wenn Sie das Seminar nicht besuchen. Das Seminar wird definitiv eine Abzocke sein.«

Meiner Erfahrung nach sind viele Menschen auf der Suche nach Antworten, die ihr Leben in irgendeiner Weise verbessern. Das Problem ist, dass sie die Antwort nicht mögen, wenn sie sie gefunden haben – so wie ich die Antwort nicht mag: »Hör auf, dich mit Pizza vollzustopfen, und fang an, täglich drei Stunden Hanteln zu stemmen.« Mit anderen Worten: Solange mir die Antwort, die ich bekomme, nicht gefällt, habe ich keine Chance, den Körper eines Weltklasse-Athleten zu entwickeln. Der Grund, warum die meisten Menschen niemals reich werden, ist einfach der, dass sie die Antworten, die sie bekommen, nicht mögen. Und meiner Meinung nach ist es mehr als nur die Antwort, die ihnen nicht gefällt. Es ist der Preis, der mit der Antwort verbunden ist, den sie gar nicht mögen.

Wie Rich Dad sagte: »Die meisten Menschen wollen reich werden. Sie wollen nur nicht den Preis dafür zahlen.«

In diesem Buch erörtere ich den Preis, den es kostet, reich zu werden, ohne geizig oder korrupt zu sein oder eine reiche Person heiraten zu müssen. Aber es gibt einen Preis – und wie mein reicher Vater oft zu mir sagte: »Der Preis von etwas wird nicht immer in Geld gemessen.« In diesem Buch teile ich nicht nur meine Antworten, sondern auch den Preis, den ich bezahlt habe. Wenn Ihnen meine Antworten oder die meines reichen Vaters nicht gefallen, denken Sie daran, dass es mehr als einen Weg gibt, reich zu werden. Es wird immer eine neue Lotterie oder Spielshow geben, in der die Frage gestellt wird: »Wer will Millionär werden?«

Kapitel 1

Was ist der Preis dafür, geizig zu sein?

»Die meisten Menschen wollen reich werden. Sie wollen nur nicht den Preis dafür zahlen.«

Rich Dad

Es gibt viele Bücher, die die Idee der Sparsamkeit und des Lebens unter den eigenen finanziellenMöglichkeiten propagieren. Viele sogenannte Geldexperten schreiben und sprechen über den Vorteil, alle Kreditkarten abzuschaffen, Geld zu sparen, den maximalen Betrag in die Altersvorsorge einzuzahlen, einen Gebrauchtwagen zu fahren, in einem kleineren Haus zu leben, Gutscheine auszuschneiden, im Schlussverkauf einzukaufen, zu Hause zu essen, gebrauchte Kleidung von älteren Kindern an die jüngeren weiterzugeben, billigeren Urlaub zu machen und andere Strategien.

Obwohl dies für viele Menschen sehr gute Ideen sind und es eine Zeit und einen Ort für Sparsamkeit gibt, mögen die meisten Menschen diese Ideen nicht. Sie würden gerne die schöneren Dinge des Lebens genießen. Ein großes Haus, ein neues Auto, luxuriöse Accessoires und teure Urlaube machen viel mehr Spaß und sind viel erstrebenswerter, als Geld auf dem Bankkonto zu sammeln. Die meisten von uns stimmen Experten zu, die Sparsamkeit und wirtschaftliche Enthaltsamkeit predigen. Doch tief im Inneren hätten viele von uns lieber eine Platin-Kreditkarte ohne Ausgabelimit – eine, die von einem reichen Onkel bezahlt wird, der mehr Geld hat als alle arabischen Ölscheichs, Schweizer Privatbanken und Bill Gates zusammen.

Wir wissen, dass es das ungezügelte Verlangen nach den schönen, erfreulichen und ausgefallenen Dingen des Lebens ist, das viele Menschen in finanzielle Schwierigkeiten bringt. Und es sind genau diese finanziellen Schwierigkeiten, die die Geldgurus dazu veranlassen zu sagen: »Schaffen Sie Ihre Kreditkarten ab. Leben Sie unter Ihren finanziellen Möglichkeiten. Kaufen Sie einen Gebrauchtwagen.«

Andererseits hat mein reicher Vater nie zu mir gesagt: »Schaffe deine Kreditkarten ab.« Er hat nie gesagt: »Lebe unter deinen Möglichkeiten.« Warum sollte er mir raten, Dinge zu tun, an die er selbst nicht glaubte? Was die Idee der Sparsamkeit angeht, sagte er: »Du kannst reich werden, indem du geizig bist. Das Problem aber ist, dass man, selbst wenn man reich ist, noch immer geizig ist. Man knausert und spart an allen Ecken und Enden ... Man wählt immer die billigsten Optionen für alles, von der Wasserflasche bis zum Hotelzimmer.« Weiter sagte er: »Es macht für mich keinen Sinn, geizig zu leben und reich zu sterben. Warum sollte jemand knauserig leben, reich sterben und dann die Kinder nach der Beerdigung die Ersparnisse seines Lebens ausgeben lassen?«

Rich Dad stellte fest, dass Menschen, die ihr Leben lang knauserten und sparten, oft Kinder hatten, die sich wie hungrige Hyänen benahmen, sobald die Eltern nicht mehr da waren. Anstatt das Erbe ihrer Eltern zu genießen, stritten sie sich um das Geld und gaben es aus, sobald sie ihren »gerechten Anteil« in Händen hielten.

Anstatt mir zu sagen, ich solle sparen, sagte mein reicher Vater oft: »Wenn du etwas willst, erkundige dich nach dem Preis. Dann bezahle den Preis.« Er fuhr fort: »Aber denke immer daran, dass alles seinen Preis hat. Der Preis dafür, reich zu werden, indem man geizig ist, ist, dass man reich immer noch geizig ist.«

Die verschiedenen Möglichkeiten, reich zu werden

Man kann reich werden, indem man jemanden wegen seines oder ihres Geldes heiratet.

Ich hatte einen Klassenkameraden in New York, der oft sagte: »Es ist genauso einfach, ein reiches Mädchen zu heiraten wie ein armes.« Als er seinen Abschluss machte, heiratete er in eine sehr reiche Familie ein, genau wie er es gesagt hatte. Ich persönlich halte ihn für einen Schleimer, aber das war sein Weg, reich zu werden.

Man kann auch reich werden, indem man ein Gauner wird, und wir alle kennen den Preis für diesen Weg. Als ich ein Kind war, dachte ich, ein Gauner trägt eine Maske und raubt Banken aus. Heute weiß ich, dass es viele Gauner gibt, die blaue Anzüge, weiße Hemden und rote Krawatten tragen und oft angesehene Mitglieder ihrer Gemeinschaft sind.

Andere werden reich, indem sie im Kasino oder auf der Rennbahn wetten, Lotto spielen oder ihr Geld blindlings in den Aktienmarkt stecken. Während der Dotcom-Manie gab es viele Leute, die bereit waren, einen Scheck auszustellen, wenn man nur sagte: »Ich gründe ein Internet-Unternehmen.«

Man kann ebenso reich werden, indem man ein Tyrann ist, und wir alle wissen, was mit einem Tyrannen geschieht. Irgendwann kommt ein noch größerer Tyrann daher. Oder der Tyrann stellt fest, dass die einzigen Menschen, die mit ihm Geschäfte machen wollen, Menschen sind, die sich gerne herumschubsen lassen.

Wie bereits beschrieben, kann man reich werden, indem man geizig ist. Die Welt neigt dazu, reiche Menschen, die geizig sind, zu verachten – Menschen wie Scrooge in Charles Dickens Klassiker *Eine Weihnachtsgeschichte*. Die meisten von uns kennen Menschen, die immer einen größeren Rabatt verlangen, sich über die Rechnung beschweren oder – noch schlimmer – sich weigern, die Rechnung aus dem einen oder anderen unanständigen Grund zu bezahlen. Eine Freundin, die ein Bekleidungsgeschäft besitzt, beklagt sich oft über Kunden, die ein Kleid kaufen, es auf einer Party tragen und dann ein paar Tage später zurückgeben und ihr Geld zurückverlangen. Und natürlich gibt es Menschen, die alte Autos fahren, alte Kleidung tragen, billige Schuhe kaufen und arm aussehen, aber Millionen von Dollar auf der Bank haben.

Diese Menschen können zwar reich werden, indem sie geizig sind, aber ein solches Verhalten hat einen Preis, der weit über Geld hinausgeht. Auch ich kämpfe mitunter damit, zu geizig zu sein, obwohl ich feststelle, dass die Menschen eher lächeln oder mich mehr mögen, wenn ich großzügig bin. Wenn ich zum Beispiel für guten Service etwas mehr Trinkgeld gebe, kommt das auf andere Weise zu mir zurück. Mit anderen Worten, die Menschen mögen großzügige Menschen eher als geizige.

Kann jeder reich werden?

Mein reicher Vater und ich sprachen weiter über den Preis des Reichseins. Er sagte mir: »Der Preis ist für jeden Menschen anders.«

»Was meinst du mit ›der Preis ist für jeden Menschen anders‹?«, fragte ich.

Seine Antwort lautete: »Ich denke, dass wir alle mit einzigartigen Gaben und Talenten auf die Welt kommen, zum Beispiel in den Bereichen Singen, Malen, Leichtathletik, Schreiben, Kindererziehung, Predigen, Lehren und so weiter. Obwohl Gott uns diese Talente gibt, liegt es an jedem von uns, diese Talente zu entwickeln – und die Entwicklung dieser Talente ist oft der Preis, den wir zahlen, um reich zu sein.«

Rich Dad fuhr fort: »Die Welt ist voller kluger, talentierter und begabter Menschen, die nicht das sind, was wir finanziell, beruflich oder in ihren persönlichen Beziehungen erfolgreich nennen würden. Jeder von uns hat zwar Begabungen und Stärken, aber auch persönliche Herausforderungen und Schwächen, die es zu überwinden gilt. Keiner ist perfekt. Deshalb sage ich, dass der Preis für jeden Menschen unterschiedlich ist – weil jeder von uns andere Herausforderungen hat. Die einzigen Menschen, die denken, das Leben sollte einfach sein, sind faule Menschen.«

Ich weiß nicht, ob die Aussage meines reichen Vaters über faule Menschen wahr ist oder nicht. Ich weiß aber, dass seine Aussage für mich immer dann nützlich ist, wenn ich mich darüber beschwere, dass die Dinge nicht einfach sind oder nicht nach meinen Vorstellungen laufen. Wenn ich mich dabei ertappe, wie ich sage: »Ich wünschte, die Dinge wären einfacher.«

Ich weiß dann, dass ich faul werde. Also mache ich eine Pause, überprüfe meine Einstellung und frage mich, welchen Preis diese Einstellung langfristig hat. Es ist nicht so, dass ich nicht nach einem einfacheren Weg suche, Dinge zu tun. Ich bin mir jedoch bewusst, dass ich, wenn ich dazu neige, faul oder geizig zu sein oder mich wie eine verwöhnte Göre aufzuführen, mich fragen muss, was der Preis für dieses Verhalten sein könnte.

Geld ist die Belohnung für den gezahlten Preis

Rich Dad würde auch sagen: »Frag jeden, der reich, berühmt oder erfolgreich ist, und ich bin mir sicher, dass er dir sagen wird, dass er auf seinem Weg jeden Tag persönliche Herausforderungen und Dämonen zu bewältigen hatte und hat. Es gibt nichts umsonst auf der Welt. Meine Herausforderung war, dass ich keine Ausbildung und kein Geld hatte, als ich anfing. Außerdem hatte ich eine Familie zu ernähren, als mein Vater starb. Ich war dreizehn Jahre alt, als ich vor diese Herausforderung gestellt wurde – und es kamen noch größere Herausforderungen auf mich zu. Doch ich habe es geschafft, den Preis dafür zu zahlen, und schließlich bin ich zu großem Reichtum gekommen. Im Nachhinein betrachtet war das Geld meine Belohnung dafür, dass ich den Preis bezahlt habe.«

Der Preis der Sicherheit

Im Laufe der Jahre sorgte mein reicher Vater dafür, dass sein Sohn Mike und ich uns immer über den Preis von etwas im Klaren waren. Als mein richtiger Vater, der Mann, den ich meinen »armen Vater« nenne, mir riet, »einen sicheren Job« zu finden, antwortete mein reicher Vater: »Denk daran, Sicherheit hat ihren Preis.«

Als ich ihn fragte, was der Preis dafür sei, antwortete er: »Für die meisten Menschen ist der Preis für Sicherheit die persönliche Freiheit. Und ohne Freiheit verbringen viele Menschen ihr Leben damit, für Geld zu arbeiten, anstatt ihre Träume zu verwirklichen. Für mich ist ein Leben ohne die Verwirklichung meiner Träume ein viel zu hoher Preis für die Sicherheit.«

Er äußerte sich auch zum Thema Steuern: »Menschen, die Sicherheit über Freiheit stellen, zahlen mehr Steuern. Deshalb zahlen Menschen, die sichere Arbeitsplätze haben, mehr Steuern als Menschen, denen die Unternehmen gehören, die die Arbeitsplätze bereitstellen.«

Ich verbrachte einige Tage damit, über diese Bemerkung nachzudenken und deren Tragweite zu begreifen. Als ich meinen reichen Vater das nächste Mal sah, fragte ich ihn: »Muss ich zwischen Sicherheit und Freiheit wählen? Bedeutet das, ich kann das eine haben, aber nicht das andere?«

Rich Dad lachte, als er merkte, wie viel ich über seine Bemerkung nachgedacht hatte. »Nein«, antwortete er, immer noch lächelnd. »Du musst dich nicht für das eine oder das andere entscheiden. Du kannst beides haben.«

»Du meinst, ich kann beides haben, Sicherheit und Freiheit?«, fragte ich.

»Sicher«, sagte er. »Ich habe beides.«

»Warum hast du dann gesagt, dass für die meisten Menschen der Preis für Sicherheit die persönliche Freiheit ist?«, fragte ich. »Wie kannst du beides haben, wenn du sagst, dass die meisten Menschen nur eines haben können? Wo ist der Unterschied?«

»Der Preis ist der Unterschied«, sagte mein reicher Vater. »Ich habe dir immer gesagt, dass alles seinen Preis hat. Die meisten Menschen sind bereit, den Preis für Sicherheit zu zahlen, aber sie sind nicht bereit, den Preis für Freiheit zu zahlen. Deshalb haben die meisten Menschen nur eines von beidem. Sie haben nur das eine oder das andere.«

»Und warum hast du sowohl Sicherheit als auch Freiheit?«, fragte Mike. Er hatte gerade den Raum betreten und nur einen Teil des Gesprächs mitbekommen.

»Weil ich den doppelten Preis bezahlt habe«, sagte mein reicher Vater. »Ich war bereit, den Preis für Sicherheit und Freiheit zu zahlen. Das ist nicht anders, als wenn man zwei Autos hat. Nehmen wir an, ich brauche einen Lastwagen, aber ich möchte auch einen Sportwagen. Wenn ich beides will, zahle ich den doppelten Preis. Die meisten Menschen zahlen im Laufe ihres Lebens für das eine oder das andere, aber nicht für beides.«

»Es gibt also einen Preis für Sicherheit und es gibt einen Preis für Freiheit«, sagte ich.

»Und du hast den Preis für beides bezahlt.« Ich wiederholte, was mein reicher Vater gerade gesagt hatte, damit ich die Idee verarbeiten konnte.

Rich Dad nickte. »Ja, aber lasst mich noch einen Punkt hinzufügen, um zu verdeutlichen, was es bedeutet, bereit zu sein, den Preis zu zahlen, um beides zu haben. Seht ihr, wir alle zahlen einen Preis. Wir zahlen einen Preis, auch wenn wir diesen Preis nicht zahlen.«

»Was?«, erwiderte ich, runzelte die Stirn und schüttelte den Kopf. Rich Dad schien jetzt im Kreis zu argumentieren.

»Lasst mich das erklären«, sagte mein reicher Vater und deutete mit seinen Händen an, dass wir uns beruhigen sollten. »Erinnert ihr euch noch daran, wie ich euch vor ein paar Wochen bei euren naturwissenschaftlichen Hausaufgaben geholfen habe, als ihr die Newtonschen Gesetze studiert habt?«

Mike und ich nickten.

»Erinnert ihr euch an das dritte Gesetz: *Für jede Aktion gibt es eine gleich große und entgegengesetzte Reaktion*?«

Wieder nickten wir.

»So fliegt ein Jet durch die Luft«, sagte Mike. »Das Triebwerk treibt heiße Luft nach hinten, und der Strahl bewegt den Jet vorwärts.«

»Das ist richtig«, sagte mein reicher Vater. »Da die Newtonschen Gesetze universelle Gesetze sind, gelten sie für alles, nicht nur für Düsentriebwerke.« Rich Dad sah uns beide an, um zu sehen, ob wir verstanden hatten, was er gerade gesagt hatte. »Alles«, wiederholte er, nur um sicherzugehen, dass wir es verstanden hatten.

»Okay, alles«, sagte Mike, ein wenig frustriert über die Wiederholung.

Da er vermutete, dass wir nicht wirklich verstanden, worum es ihm ging, fuhr Rich Dad fort: »Wenn ich ›alles‹ sage, meine ich das ganz wörtlich.« Und weiter: »Erinnert ihr euch an meine Lektionen über Jahresabschlüsse? Erinnert ihr euch an meine Erklärung, dass, wenn es eine *Ausgabe* gibt, es irgendwo anders auch eine *Einnahme* geben muss?«

Jetzt begann ich zu verstehen, was er mit »alles« meinte. Newtons universelle Gesetze galten auch für Finanzielles.

»Für jeden *Vermögenswert* muss es also auch eine *Verbindlichkeit* geben«, sagte ich. Nur um ihn wissen zu lassen, dass ich anfing, seinem Denken zu folgen, fügte ich hinzu: »Ein universelles Gesetz gilt für alles.«

»Und damit etwas *oben* ist, muss etwas anderes *unten* sein. Und damit etwas *alt* sein kann, muss etwas anderes *neu* sein«, fügte Mike hinzu.

»Richtig«, sagte Rich Dad mit einem Lächeln.

»Wie verhält sich das mit der Sicherheit und der Freiheit und deiner Bereitschaft, den doppelten Preis zu zahlen?«, fragte Mike.

»Gute Frage«, sagte mein reicher Vater. »Diese Bereitschaft ist wichtig, denn wenn man nicht den doppelten Preis zahlt, bekommt man sowieso nicht, was man will. Mit anderen Worten, wenn du nicht den doppelten Preis zahlst, bekommst du nicht einmal das, wofür du ursprünglich bezahlt hast.«

»Was?«, erwiderte ich. »Wenn man nicht zweimal zahlt, bekommt man nicht das, wofür man bezahlt hat?«

Rich Dad nickte und begann zu erklären. »Menschen, die den Preis nur für Sicherheit zahlen, werden sich nie wirklich sicher fühlen – wie bei der Sicherheit des Arbeitsplatzes«, erklärte er. »Eine Person mag ein falsches Gefühl von Sicherheit haben, aber sie fühlt sich nie wirklich sicher.«

»Obwohl mein Vater einen vermeintlich sicheren Arbeitsplatz hat, fühlt er sich im Grunde genommen nie wirklich sicher?«, fragte ich.

»Das ist richtig«, sagte Rich Dad. »Denn er zahlt nur für die Aktion, aber nicht für seine innere Reaktion. Je härter er für die Sicherheit arbeitet oder den Preis für die Sicherheit zahlt, desto mehr wächst seine Unsicherheit in ihm.«

»Muss Unsicherheit die Reaktion sein?«, fragte Mike.

»Gute Frage«, sagte Rich Dad. »Nein, es kann auch andere Arten von Reaktionen geben. Eine Person könnte so viel Sicherheit haben, dass sie sich langweilt und dann unruhig wird. Sie will weitergehen, aber sie tut es nicht, weil sie dann ihre Sicherheit aufgeben würde. Deshalb sage ich, dass jeder von uns unterschiedliche Herausforderungen hat, und jeder von uns ist einzigartig. Wir sind einzigartig, weil wir nicht auf die gleiche Weise auf Dinge reagieren wie andere.«

»So wie manche Leute eine Schlange sehen und in Panik geraten; andere sehen eine Schlange und sind glücklich«, fügte ich hinzu.

»Das ist richtig. Wir sind alle unterschiedlich, weil wir alle unterschiedlich veranlagt sind«, sagte Rich Dad.

»Was soll also diese ganze Gehirnakrobatik?«, fragte ich.

»Die Gehirnakrobatik soll dich zum Nachdenken anregen«, sagte mein reicher Vater. »Ich möchte, dass du immer daran denkst, dass alles seinen Preis hat – und dass der Preis oft doppelt so hoch ist, wie es scheint. Wenn du nur für eine Seite des Newtonschen Gesetzes bezahlst, glaubst du vielleicht, dass du den Preis bezahlt hast, aber du bekommst vielleicht nicht das, was du willst.«

»Kannst du uns einige Beispiele nennen?«, fragte ich.

»Ich kann euch allgemeine Ratschläge geben, weil, wie ich schon sagte, jeder von uns einzigartig ist«, sagte Rich Dad. »Aber als allgemeine Regel solltet ihr immer daran denken, dass es zwei Seiten jeder Situation gibt. Der beste Arbeitgeber hat seine Karriere in der Regel als Angestellter begonnen. Er oder sie nutzt diese Erfahrung als Angestellter, um einen

Führungsstil zu entwickeln, der die Mitarbeiter, die er oder sie führt, befähigt.«

»Gute Arbeitgeber sind also ehrlich und behandeln ihre Mitarbeiter so, wie sie selbst behandelt werden möchten?«, fragte ich.

»Genau«, antwortete mein reicher Vater. »Nun lasst uns ein extremes Beispiel betrachten. Was glaubt ihr, was man braucht, um ein guter Polizist zu sein?«

»Um ein guter Polizist zu sein?«, wiederholten Mike und ich unisono und dachten, dass Rich Dad jetzt vom Weg abgekommen war.

»Ja, ein guter Polizist«, fuhr er fort. »Um ein guter Polizist zu sein, muss man zunächst ehrlich, moralisch und von höchster Integrität sein. Ist das richtig?«

»Das will ich hoffen«, sagte Mike.

»Aber um gut zu sein, muss ein Polizist auch genau wie ein Gauner oder jemand, der unmoralisch, ungesetzlich und unethisch ist, denken«, sagte Rich Dad. »Denkt immer an Newtons Gesetz. Man kann kein guter Polizist sein, ohne auch wie ein guter Gauner denken zu können.«

Mike und ich nickten nun. Wir begannen endlich zu verstehen, worauf Rich Dad mit dieser gesamten Lektion hinauswollte.

»Das ist also der Grund, warum eine Person, die versucht, reich zu werden, indem sie geizig ist, in vielerlei Hinsicht genauso arm wird wie jemand, der kein Geld hat?«, fragte ich.

Rich Dad fuhr fort: »Und warum jemand, der *nur* nach Sicherheit strebt, sich nie wirklich sicher fühlt. Oder warum jemand, der nach risikoarmen Anlagen sucht, sich nie sicher fühlt, und warum jemand, der immer recht hat, am Ende doch falschliegt. Sie zahlen den Preis für eine Seite der Gleichung, aber sie zahlen nicht den vollen Preis. Sie verstoßen gegen ein universelles Gesetz.«

Mike mischte sich ein: »Deshalb braucht es zwei Leute, um einen Streit zu führen. Und um ein guter Polizist zu sein, muss man auch ein guter Gauner sein. Um das Risiko zu senken, muss man Risiken eingehen. Um reich zu sein, muss man wissen, wie es ist, arm zu sein. Um zu wissen, was eine gute Investition ist, muss man auch wissen, was eine schlechte Investition ist.«

»Und deshalb sagen die meisten Leute, dass Investitionen riskant sind«, fügte ich hinzu. »Die meisten Menschen denken, dass man, um in eine sichere Anlage zu investieren, auch die Rendite der Anlage senken muss. Deshalb legen so viele Menschen Geld auf einem Sparkonto an. Sie legen es aus Sicherheitsgründen an und sind bereit, für diese Sicherheit weniger Zinsen zu nehmen. Aber ihr Geld wird von der Inflation aufgefressen. Und die Zinsen auf ihr Geld werden mit einem hohen Satz besteuert. Die Idee des sicheren Geldes auf der Bank ist also gar nicht so sicher.«

Rich Dad stimmte zu. »Geld auf der Bank zu haben ist besser, als kein Geld auf der Bank zu haben. Aber ihr habt recht, wenn ihr sagt, dass es nicht so sicher ist, wie sie vielleicht denken. Diese Illusion von Sicherheit hat ihren Preis.«

Mike wandte sich dann an seinen Vater und sagte: »Du hast immer gesagt, dass es möglich ist, risikoarme Anlagen mit sehr hohen Renditen zu haben.«

»Ja«, antwortete er. »Es ist relativ einfach, Sicherheit zu haben und trotzdem eine Rendite von 20 bis 50 Prozent zu erzielen, ohne viel Steuern zu zahlen oder viel von seinem eigenen Geld zu verwenden – wenn man weiß, was man tut.«

»Du willst uns also sagen«, sagte Mike, »dass der von dir gezahlte Preis höher war als der, den der durchschnittliche Anleger zu zahlen bereit ist.«

Rich Dad nickte. »Denkt immer daran, dass alles seinen Preis hat, und dieser Preis wird nicht immer in Geld gemessen.«

Der Preis dafür, geizig zu sein

Wenn ich Geldgurus sagen höre: »Schaffen Sie Ihre Kreditkarten ab, kaufen Sie einen Gebrauchtwagen und leben Sie unter Ihren finanziellen Möglichkeiten«, dann weiß ich, dass sie es gut meinen.

Aber wie mein reicher Vater sagte: »Alles hat seinen Preis.« Und der Preis dafür, reich zu werden, indem man geizig ist, ist, dass man am Ende immer noch knausert. Und das Leben als reicher, aber geiziger Mensch zu leben, ist meiner Meinung nach ein sehr hoher Preis.

Rich Dad sagte auch: »Das Problem sind nicht die Kreditkarten. Das Problem ist der finanzielle Analphabetismus der Person, die die Kreditkarten besitzt. Finanzielle Bildung ist ein Teil des Preises, den man zahlen muss, um reich zu werden.«

Und deshalb mögen so viele Menschen die Vorstellung nicht, auf ihre Kreditkarten zu verzichten und unter ihren Möglichkeiten zu leben. Wenn sie die Wahl hätten, würden die meisten Menschen ihr Leben wohl lieber als reiche Menschen genießen, die ein reiches Leben führen. Und das können sie auch, wenn sie bereit sind, den Preis dafür zu zahlen.

Kapitel 2

Was ist der Preis eines Fehlers?

»Mein Banker hat mich noch nie nach meinem Zeugnis gefragt.«

Rich Dad

Im Alter von 15 Jahren bin ich im Fach Englisch durchgefallen, weil meine Rechtschreibung schrecklich war und ich nicht schreiben konnte. Oder anders gesagt, meinem Englischlehrer gefiel nicht, was ich schrieb. Das bedeutete, dass ich mein zweites Highschool-Jahr wiederholen musste.

Emotionaler Schmerz und Peinlichkeiten kamen aus vielen Richtungen. Erstens war mein Vater der Leiter für Bildung auf der Insel Hawaii und für über 40 Schulen zuständig. In den Bildungseinrichtungen wurde gekichert und gelacht, als sich von Schule zu Schule herumsprach, dass der Sohn des Chefs ein schulischer Versager war. Zweitens bedeutete »durchfallen«, dass ich in die Klasse meiner jüngeren Schwester kommen würde. Mit anderen Worten: Sie machte Fortschritte, und ich machte Rückschritte. Und drittens hieß das, dass ich meine Sportzulassung nicht erhalten würde, die Erlaubnis, in der Schulmannschaft Fußball zu spielen, die Sportart, in der ich mich so sehr angestrengt hatte.

An dem Tag, an dem ich mein Zeugnis erhielt und die Sechs in Englisch sah, ging ich hinter das Gebäude, in dem sich das Chemielabor befand, um allein zu sein. Ich setzte mich auf den kalten Boden, zog die Knie an die Brust, drückte mich mit dem Rücken an das Holzgebäude und begann zu weinen. Ich hatte dieses Ergebnis schon seit einigen Monaten erwartet, aber als ich es auf dem Papier sah, kamen plötzlich und unkontrolliert alle Gefühle hoch. Über eine Stunde lang saß ich allein dort hinter dem Gebäude.

Ein bisschen tröstlich war, dass mein bester Freund Mike, der Sohn meines reichen Vaters, ebenfalls eine Sechs erhalten hatte. Es war schlecht, dass auch er durchgefallen war, aber wenigstens hatte ich Gesellschaft in meinem Elend. Ich winkte ihm zu, als er über den Campus kam, weil ich mit ihm zusammen nach Hause fahren wollte, aber er schüttelte nur den Kopf und ging weiter.

An diesem Abend, nachdem meine Geschwister zu Bett gegangen waren, erzählte ich meiner Mutter und meinem Vater, dass ich in Englisch durchgefallen war und das zweite Jahr der Highschool wiederholen musste. Damals gab es im Bildungssystem die Regelung, dass ein Schüler, der entweder in Englisch oder in Sozialkunde durchgefallen war, das gesamte Jahr wiederholen musste. Obwohl auch meine Eltern mit dieser Nachricht gerechnet hatten, war die schriftliche Bestätigung meines Scheiterns doch etwas anderes.

Mein Vater saß still da und nickte. Sein Gesicht war ausdruckslos. Meine Mutter hingegen hatte mehr Schwierigkeiten, ihre Emotionen zu unterdrücken. Ich konnte sie in ihrem Gesicht sehen – Emotionen, die von Traurigkeit bis hin zu

Wut reichten. Sie wandte sich an meinen Vater und fragte: »Was wird jetzt passieren? Wird er wirklich sitzen bleiben?«

Mein Vater antwortete nur: »So sind die Regeln. Ich werde sehen, was ich tun kann.«

In den nächsten Tagen ging mein Vater, den ich als meinen »armen Vater« bezeichne, der Sache nach. Er fand heraus, dass der Lehrer von den 32 Schülern meiner Klasse 15 hatte durchfallen lassen. Acht weiteren Schülern hatte er eine Vier gegeben. Ein Schüler erhielt eine Eins, vier bekamen eine Zwei und der Rest eine Drei. Die meisten derjenigen, die durchgefallen waren, gehörten zu den sehr guten Schülern der zweiten Jahrgangsstufe. Und viele von uns waren auf dem besten Weg, aufs College zu gehen.

Angesichts dieser hohen Durchfallquote schaltete sich mein Vater ein. Nicht als mein Vater, sondern als Leiter des Schulamtes. Sein erster Schritt bestand darin, den Schulleiter anzuweisen, eine formelle Untersuchung einzuleiten. Sowohl die Schüler als auch der Lehrer hatten wohl Fehler gemacht. Die Untersuchung begann mit Befragungen der Schüler in der Klasse. Und sie endete damit, dass der Lehrer an eine andere Schule versetzt wurde. Für Schüler, die ihre Noten verbessern wollten, wurde eine spezielle Sommerschule angeboten. Ich verbrachte in jenem Sommer drei Wochen damit, mich in Englisch auf eine Vier vorzuarbeiten, und konnte mit dem Rest meiner Klasse in die elfte Klasse versetzt werden.

Mein Vater sagte zu mir: »Nimm dieses schulische Versagen als eine sehr wichtige Lektion in deinem Leben. Du kannst eine Menge oder nichts aus diesem Vorfall lernen. Du kannst wütend sein, dem Lehrer die Schuld geben und einen Groll hegen. Oder du kannst dein eigenes Verhalten hinterfragen und mehr über dich selbst lernen und an dieser

Erfahrung wachsen. Ich glaube nicht, dass dieser Lehrer so viele schlechte Noten hätte vergeben dürfen. Aber ich denke, dass du und deine Freunde bessere Schüler werden müssen. Ich hoffe, dass sowohl ihr Schüler als auch euer Lehrer aus dieser Erfahrung lernt.«

Ich muss zugeben, dass ich voller Groll war. Bis heute mag ich diesen Lehrer nicht, und ich hasste es danach, zur Schule zu gehen. Ich mochte es nicht, wenn man mir sagte, ich solle Fächer belegen, die mich nicht interessierten, oder von denen ich wusste, dass ich sie nach der Schule nicht mehr brauchen würde.

Obwohl die Verletzungen tief saßen, habe ich es geschafft, mich zusammenreißen. Meine Einstellung änderte sich, meine Lerngewohnheiten verbesserten sich, und ich schloss die Highschool wie geplant ab. Ich war auch einer von zwei Schülern aus dem Bundesstaat Hawaii, die vom Kongress an die U.S. Merchant Marine Academy berufen wurden. Ich schloss die Akademie 1969 mit einem Bachelor of Science ab.

An der Akademie überwand ich meine Angst vor dem Schreiben und lernte, es zu genießen, obwohl ich eigentlich immer noch ein schlechter Schreiber bin. Ich danke Dr. A. A. Norton, meinem Englischlehrer während der zwei Jahre an der Akademie, dass er mir geholfen hat, mein mangelndes Selbstvertrauen, meine früheren Ängste und meinen Groll zu überwinden. Ich bezweifle, dass ich ohne Dr. Norton ein Bestsellerautor der *New York Times* und des *Wall Street Journal* geworden wäre.

Am wichtigsten aber ist, dass ich den Rat meines armen Vaters befolgt und das Beste aus einer schlechten Situation gemacht habe. Rückblickend kann ich sagen, dass das Durchfallen im Englischunterricht und das Beinahe-Versagen in der zehnten Klasse ein Segen waren. Der Vorfall veranlasste mich, mich zusammenzunehmen und meine Einstellung und Lerngewohnheiten zu korrigieren. Heute weiß ich, dass ich die Akademie sicher nicht geschafft hätte, wenn es diese Lektion nicht gegeben hätte.

Rich Dads Kommentare

Die Sechs in Englisch, die sein Sohn Mike von demselben Lehrer erhalten hatte, beunruhigte meinen reichen Vater ebenfalls. Er war dankbar, dass mein Vater einschritt und ein Sommerschulprogramm für uns eingerichtet wurde, damit wir unsere schlechten Noten verbessern konnten. Und er nutzte diese Gelegenheit, um Mike und mir eine andere Lektion zu erteilen.

»Unser Leben ist ruiniert«, sagte ich.

»Was soll das bringen?«, fügte Mike hinzu. »Wegen dieses Lehrers werden wir nie weiterkommen. Außerdem müssen wir unseren Sommer in einem Klassenzimmer verbringen.«

Mike und ich haben viel gejammert, nachdem wir in Englisch durchgefallen waren. Irgendwie hatten wir das Gefühl, dass uns unsere Zukunft, zumindest aber unser Sommer, genommen wurde. Wir konnten sehen, wie die sogenannten schlauen Kinder weiterkamen, wir aber hatten das Gefühl, zurückzubleiben. Viele unserer Mitschülerinnen und Mitschüler gingen an uns vorbei und kicherten. Einige nannten uns »Verlierer«. Gelegentlich hörten wir hinter unserem Rücken: »Wenn du keine guten Noten hast, wirst du nicht auf ein gutes College kommen.« Oder: »Wenn du denkst, dass Englisch in der Highschool schwer ist, dann warte mal, bis du auf dem

College bist.« Wir versuchten, diese wenig netten Kommentare, die unter Jugendlichen nicht unüblich sind, mit einem Lachen zu überspielen. Aber tief im Inneren tat es trotzdem weh. In Wahrheit fühlten wir uns wie Versager, und wir hatten das Gefühl, dass wir zurückgelassen wurden.

Eines Tages nach der Sommerschule saßen Mike und ich im Büro des reichen Vaters und diskutierten die Kommentare unserer Klassenkameraden und was wir von ihnen hielten. Unser reicher Vater hörte uns, setzte sich zu uns, sah uns beiden direkt in die Augen und sagte: »Ich habe es satt, dass ihr zwei Jungs jammert und euch beschwert. Ich habe es satt, dass ihr euch wie Opfer fühlt und euch wie Verlierer benehmt.«

Er saß da und starrte uns an. »Genug ist genug. Ihr habt versagt. Und wenn schon. Nur weil du einmal versagt hast, bist du noch lange kein Versager. Seht euch an, wie oft ich durchgefallen bin. Also hört auf, euch selbst zu bemitleiden und lasst euch von euren Mitschülern nicht unterkriegen.«

»Aber wir haben jetzt schlechte Noten«, protestierte ich. »Diese schlechten Noten werden uns für immer begleiten. Wie sollen wir auf ein gutes College oder eine Universität kommen?«

»Hört zu«, sagte der reiche Vater. »Wenn ihr zwei Jungs euch von einer schlechten Note das Leben ruinieren lasst, habt ihr sowieso keine Zukunft. Wenn ihr eine schlechte Note zu eurem Verhängnis werden lasst, dann wird euch das wirkliche Leben sowieso besiegen. Das wahre Leben ist viel härter als Highschool-Englisch. Und wenn ihr eurem Englischlehrer die Schuld gebt und denkt, dass er hart zu euch war, dann werdet ihr ein böses Erwachen erleben, wenn ihr die wirkliche Welt betretet.

Die Welt außerhalb der Schule ist voll von Menschen, die viel härter, viel strenger und viel anspruchsvoller sind als euer

Englischlehrer. Wenn ihr euch von einer schlechten Note und einem Englischlehrer eure Zukunft ruinieren lasst, dann habt ihr sowieso keine.«

»Aber was ist mit den anderen, die uns hänseln und auslachen?«, fragte Mike.

»Ach, komm schon«, sagte der reiche Vater mit einem Glucksen, das bald in ein Lachen überging. »Sieh dir an, wie viele Leute mich kritisieren! Robert, sieh dir an, wie oft dein Vater öffentlich kritisiert wurde. Sieh dir an, wie oft unsere beiden Namen in den Nachrichten auftauchen. Wie oft wurde ich als gieriger Geschäftsmann bezeichnet? Und wie oft wurde dein Vater als unfairer Staatsdiener bezeichnet? Wenn ihr beide euch von einem Haufen Kinder mit Pickeln im Gesicht unterkriegen lasst, dann seid ihr wirklich Versager.«

Rich Dad fuhr fort: »Ein Unterschied zwischen einem erfolgreichen Menschen und einem Durchschnittsmenschen ist, wie viel Kritik er ertragen kann. Ein Durchschnittsmensch kann nicht viel Kritik vertragen, deshalb bleibt er sein ganzes Leben lang Durchschnitt. Deshalb wird er auch keine Führungspersönlichkeit. Durchschnittsmenschen leben in Angst davor, was andere über sie sagen oder denken könnten. Also versuchen sie ihr Leben lang, mit all den anderen Durchschnittsmenschen auszukommen – aus Angst vor Kritik, aus Angst vor dem, was andere über sie denken könnten. Menschen sind immer kritisch anderen Menschen gegenüber. Schau, ich kritisiere deinen Vater, und ich weiß, dass er mich kritisiert. Trotzdem respektieren wir einander.

Wenn die Leute dich kritisieren, haben sie dich wenigstens bemerkt. Mach dir Sorgen, wenn dich niemand kritisiert«, schloss der reiche Vater noch immer lachend. »Ihr zwei habt ihnen etwas gegeben, worüber sie reden können. Ihr habt ihnen etwas gegeben, die langweilige Monotonie ihres Lebens zu durchbrechen. Wenn du lernst, mit Kritik umzugehen, lernst du etwas Wertvolles für dein Leben.

Schaut, ein Drittel der Menschen wird euch lieben, egal was ihr tut. Ein Drittel der Menschen wird euch nicht mögen, egal, was ihr tut, ob gut oder schlecht. Und einem Drittel der Menschen ist es so oder so egal.

Eure Aufgabe im Leben ist es, das eine Drittel, das euch nie mögen wird, zu ignorieren und euer Bestes zu tun, um das eine Drittel in der Mitte davon zu überzeugen, sich dem einen Drittel anzuschließen, das euch liebt. Das war's. Das Einzige, was schlimmer ist, als kritisiert zu werden, ist, nicht kritisiert zu werden.« Er lachte herzhaft über sich selbst.

»Also leben sogar Erwachsene in Angst vor anderen Menschen und davor, kritisiert zu werden?«, fragte ich und tat mein Bestes, um zu unserem Gespräch zurückzukehren und seinem Lachen zu entgehen. Er fand es witzig, aber ich konnte diesem Humor nichts abgewinnen.

Rich Dad nickte und wurde ernster. »Es ist die größte Angst der meisten Menschen. Man nennt sie die Angst vor Ausgrenzung – die Angst, anders zu sein, nicht zur Herde zu gehören. Deshalb ist das Sprechen in der Öffentlichkeit für viele Menschen die größte Angst, eine Angst, die größer ist als die vor dem Tod.«

»Die Leute schließen sich also einfach der Herde an und verstecken sich in ihr, weil sie Angst haben, kritisiert zu werden?«, fragte Mike.

»Ja, und das ist ein Grund, warum so wenige Menschen jemals zu großem Reichtum gelangen. Die meisten Menschen fühlen sich in der Herde des Durchschnitts sicherer und leben in der Angst, kritisiert zu werden oder anders zu sein«, sagte Rich Dad. »Die meisten Menschen finden es einfacher, durchschnittlich zu sein, normal zu sein, sich zu verstecken und genau das zu tun, was die Herde tut – einfach mitzumachen, um weiterzukommen.«

»Willst du damit sagen, dass diese ganze Sache mit dem Durchfallen im Englischunterricht auf lange Sicht eine sehr gute Sache für uns sein könnte?«, fragte Mike.

»Wenn du es zu einer guten Sache machen willst«, antwortete der reiche Vater ruhig. »Oder du kannst es zu einer schlechten Sache machen.«

»Aber was ist mit unseren Noten? Diese Noten werden uns für den Rest unseres Lebens begleiten«, fügte ich mit einem Jammern hinzu.

Rich Dad schüttelte den Kopf, beugte sich vor und sagte streng: »Hör zu, Robert. Ich werde ein großes Geheimnis mit dir teilen.« Er hielt inne, um sich zu vergewissern, dass ich ihn richtig hörte. Dann sagte er: *»Mein Banker hat mich noch nie nach meinem Zeugnis gefragt.«*

Seine Bemerkung erschreckte mich und riss mich aus meiner Gedankenkette – einer Gedankenkette, die sagte, dass mein Leben wegen schlechter Noten ruiniert sei.

»Was willst du damit sagen?«, fragte ich zurückhaltend, denn ich verstand nicht ganz, worauf er mit dieser Aussage hinauswollte.

»Du hast mich gehört«, sagte der reiche Vater und lehnte sich in seinem Stuhl zurück. Er wusste, dass ich ihn gehört hatte, und ließ seine Aussage auf mich wirken. Er wusste, dass damit ein zentraler Wert meiner Familie, einer Familie von Lehrern, erschüttert wurde. In meiner Familie waren Zeugnisse und gute Noten nahezu heilig.

»Dein Banker hat dich noch nie nach deinem Zeugnis gefragt?«, fragte ich leise. »Willst du damit sagen, dass Noten nicht wichtig sind?«

»Habe ich das gesagt?«, fragte er. »Habe ich gesagt, dass Noten nicht wichtig sind?«

»Nein«, antwortete ich verlegen. »Das hast du nicht gesagt.«

»Was habe ich dann gesagt?«

»Du hast gesagt: ›Mein Banker hat mich noch nie nach meinem Zeugnis gefragt.‹«

»Wenn ich meinen Banker sehe, sagt er nicht: ›Zeig mir deine Noten‹, oder?«, fragte der reiche Vater, und ohne eine Antwort abzuwarten, fuhr er fort: »Fragt mein Banker: ›Waren Sie ein Einser-Schüler?‹ Bittet er mich, ihm mein Zeugnis zu zeigen? Sagt er: ›Oh, du hattest gute Noten. Lass mich dir 1 Million Dollar leihen.‹? Sagt er solche Dinge?«

»Ich glaube nicht«, sagte Mike. »Zumindest hat er dich nie nach deinem Zeugnis gefragt, als ich mit dir in seinem Büro war. Und ich weiß, dass er dir kein Geld aufgrund deines Notendurchschnitts leiht.«

»Und was will er?«, fragte der reiche Vater.

»Er bittet dich um deinen Finanzbericht«, antwortete Mike leise. »Er fragt immer nach Bilanzen und aktualisierten Gewinn- und Verlustrechnungen.«

Rich Dad fuhr fort: »Banker verlangen immer einen Finanzbericht. Banker verlangen von jedem einen Finanzbericht. Was glaubst du, warum sie von jedem, ob reich oder arm, gebildet oder ungebildet, einen Finanzbericht verlangen, bevor sie ihm Geld leihen?«

Mike und ich schüttelten schweigend und langsam den Kopf und warteten auf die Antwort. »Ich habe nie wirklich darüber nachgedacht«, sagte Mike schließlich. »Warum sagst du es uns nicht?«

»Weil dein Finanzbericht dein Zeugnis ist, wenn du die Schule verlässt«, sagte der reiche Vater mit fester, tiefer Stimme. »Das Problem ist, dass die meisten Leute die Schule verlassen und keine Ahnung haben, was ein Finanzbericht ist.«

»Mein Finanzbericht ist mein Zeugnis, wenn ich die Schule verlasse?«, fragte ich ungläubig.

Rich Dad nickte. »Es ist eines deiner Zeugnisse – ein sehr wichtiges Zeugnis. Andere Zeugnisse sind deine jährliche Gesundheitsuntersuchung, dein Gewicht, dein Blutdruck und die emotionale Gesundheit deiner Ehe.«

»Man kann also in der Schule eine glatte Eins auf dem Zeugnis haben und im Leben eine Sechs auf dem Kontoauszug?«, fragte ich. »Ist es das, was du sagst?«

Rich Dad stimmte zu. »Das kommt immer wieder vor. Oft haben Leute, die in der Schule gute Noten haben, im Leben schlechte bis durchschnittliche finanzielle Noten.«

Gute Noten zählen in der Schule; Finanzberichte zählen im Leben

Als ich im Alter von 15 Jahren diese schlechte Note erhielt, war das eine wertvolle Erfahrung für mich, denn ich erkannte, dass ich eine schlechte Einstellung zu meinem Studium entwickelt hatte. Das war ein Weckruf, um Korrekturen vorzunehmen. Mir wurde auch früh klar, dass Noten in der Schule zwar wichtig sind, dass aber mein Finanzbericht mein Zeugnis sein würde, wenn ich die Schule erst einmal verlassen hatte.

Rich Dad sagte zu mir: »In der Schule bekommen die Schüler einmal im Quartal ein Zeugnis. Wenn ein Kind in Schwierigkeiten ist, hat es zumindest Zeit, die richtigen Korrekturen vorzunehmen, wenn es das möchte. Im wirklichen Leben erhalten viele Erwachsene nie ein ›Finanzzeugnis‹, bis es zu spät ist. Und da viele Erwachsene keinen vierteljährlichen Finanzbericht erhalten, versäumen sie es, die notwendigen finanziellen Korrekturen vorzunehmen, um ein finanziell sicheres Leben zu führen. Sie haben vielleicht einen gut bezahlten Job, ein großes Haus, ein schönes Auto, und es geht ihnen vielleicht im Beruf gut, aber zu Hause läuft es finanziell schlecht. Vielleicht sind sie zu alt oder haben keine Zeit mehr, wenn sie endlich erkennen, dass sie finanziell gescheitert sind. Das ist der Preis dafür, dass sie nicht mindestens einmal im Quartal ein Finanzzeugnis erhalten.«

Lernen Sie aus Ihren Fehlern

Keiner meiner Väter mochte es, wenn ihre Söhne in der Schule versagten. Und keiner von beiden behandelte uns wie Versager. Stattdessen ermutigten sie uns, aus unseren Fehlern zu lernen. Wie mein armer Vater, der Lehrer war, sagte: »›Versagen‹ ist ein Verb, kein Substantiv.«

Leider denken zu viele Menschen, dass sie, wenn sie scheitern, zu einem Substantiv werden, und bezeichnen sich selbst als »Versager«. Wenn Menschen sich dafür entscheiden, aus ihren Fehlern zu lernen, so wie Kinder das Fahrradfahren lernen, indem sie vom Fahrrad fallen, eröffnen sich ihnen ganz neue Welten. Wenn sie sich der Herde von Menschen anschließen, die es vermeiden, Fehler zu machen, oder über ihre Fehler lügen oder jemand anderem die Schuld dafür geben, dann versäumen sie es, die wichtigste Handlung zu nutzen, für die der Mensch geschaffen wurde, nämlich zu lernen – indem er Fehler macht und aus diesen Fehlern lernt.

Wenn ich mit 15 Jahren nicht in Englisch durchgefallen wäre, hätte ich vielleicht nie meinen Schulabschluss gemacht, und ich bezweifle, dass ich gelernt hätte, dass das Zeugnis für das Leben nach der Schule mein persönlicher Finanzbericht sein würde. Dieser Fehler im Alter von 15 Jahren war auf lange Sicht unbezahlbar. Der Grund, warum so wenige Menschen zu großem Reichtum gelangen, ist einfach der, dass sie nicht genug Fehler machen. Fehler können unbezahlbar sein, wenn wir bereit sind, aus ihnen zu lernen.

Menschen, die einen Fehler gemacht, aber noch nicht die Lektion daraus gelernt haben, sagen oft: »Es war nicht meine Schuld.« Das sind die Worte einer Person, die eines der größten Geschenke des Lebens verschwendet, nämlich das Geschenk, einen Fehler zu machen. Unsere Gefängnisse sind voll mit Menschen, die immer wieder sagen: »Ich bin unschuldig. Es war nicht meine Schuld.« Unsere Straßen sind voll von Menschen, die ein unerfülltes Leben führen, weil sie weiterhin das wiederholen, was ihnen zu Hause und in unseren Schulen beigebracht wurde: »Geh auf Nummer sicher. Mach keine Fehler. Fehler sind schlecht. Menschen, die zu viele Fehler machen, sind Versager.«

Wenn ich vor einer Gruppe von Menschen spreche, sage ich oft: »Ich stehe heute vor Ihnen, weil ich mehr Fehler gemacht habe als die meisten von Ihnen, und ich habe mehr Geld verloren als die meisten von Ihnen.« Mit anderen Worten: Der Preis dafür, reich zu werden, ist die Bereitschaft, Fehler zu machen, zuzugeben, dass man einen Fehler gemacht hat, ohne zu beschuldigen oder zu rechtfertigen, und aus diesen Fehlern zu lernen. Die Menschen, die im Leben am wenigsten Erfolg haben, sind oft diejenigen, die nicht bereit sind, Fehler zu machen, oder die Fehler gemacht haben und noch nicht daraus gelernt haben. So stehen sie jeden Morgen auf und machen erneut und immer wieder dieselben Fehler, ohne daraus zu lernen.

Kapitel 3

Was ist der Preis der Bildung?

»Man kann nur zwei Dinge investieren: Zeit und Geld.«
Rich Dad

Gelegentlich werde ich gefragt: »Wollen Sie damit sagen, dass ein Mensch nicht zur Schule gehen muss?«

Ich antworte mit Nachdruck: »Nein, das sage ich *nicht*. Bildung ist heute wichtiger als je zuvor. Was ich damit sagen will, ist, dass das Bildungssystem der Zeit hinterherhinkt. Es ist ein altes System des Industriezeitalters, das versucht, mit dem Informationszeitalter zurechtzukommen. Leider gelingt ihm das nicht besonders gut.«

Nach Ansicht von Wirtschaftshistoriker endete mit dem Fall der Berliner Mauer 1989 und dem Start des World Wide Web das Industriezeitalter, und das Informationszeitalter begann offiziell.

Hier sind einfache Beispiele für diese Veränderung:

Industriezeitalter	Informationszeitalter
Sicherheit des Arbeitsplatzes	Finanzielle Sicherheit
Beruf auf Lebenszeit	Freiberufliches Arbeiten
Eine Ausbildung	Viele Ausbildungen
Leistungsorientierte Pensionspläne Der Arbeitgeber ist verantwortlich.	Beitragsorientierte Pensionspläne – 401(k)- Pläne* Der Arbeitnehmer ist verantwortlich.
Die soziale Absicherung ist gesichert.	Die soziale Absicherung ist nicht gesichert.
Die Krankenversicherung ist gesichert.	Die Krankenversicherung ist nicht gesichert.
Dienstalter ist ein Vorteil.	Dienstalter ist eine Belastung.
Gehaltserhöhungen hängen von der Betriebszugehörigkeit ab.	Gehaltserhöhungen sind eine Belastung. Die Arbeitgeber suchen nach jüngeren Arbeitnehmern mit aktuellen technischen Kenntnissen, die bereit sind, für weniger Geld zu arbeiten.

Warum Arbeitsplatzsicherheit kein Problem ist

Meine Mutter und mein armer Vater wuchsen während der Großen Depression auf. Dieses historische Ereignis beeinflusste ihre geistige und emotionale Einstellung. Deshalb

* 401(k) ist ein steuerbegünstigtes Modell der Altersvorsorge in den USA, bei dem Arbeitnehmer freiwillig einen Teil ihres Einkommens auf ein gesondertes 401(k)-Konto einzahlen können. [Anm. d. Red.]

betonten sie oft, wie wichtig es ist, »gute Noten zu erhalten, damit man einen sicheren Job bekommt«.

Heute geht es um finanzielle Sicherheit, nicht um Arbeitsplatzsicherheit. Dies ist zum großen Teil darauf zurückzuführen, dass nicht mehr der Arbeitgeber mittels leistungsorientiertem Pensionsplan des Industriezeitalters für den Ruhestand aufkommt, sondern der Arbeitnehmer selbst, und zwar in Form von *beitragsorientierten* Pensionsplänen des Informationszeitalters.

Es gibt drei große Probleme mit den heutigen beitragsorientierten Pensionsplänen.

1) *Sie sind vom Arbeitnehmer zu finanzieren.*
   Viele Arbeitnehmer zahlen kein Geld in ihre Pläne ein, weil sie das Geld zum Leben brauchen.

2) *Die Pläne sind an den Aktienmarkt gekoppelt.*
   Wenn der Aktienmarkt auf einem Hoch ist, ist auch die Rentenversicherung hoch.

   Wenn der Markt zusammenbricht, wird auch die Rentenversicherung des Arbeitnehmers in Mitleidenschaft gezogen.

3) *Bei einem beitragsorientierten Pensionsplan können die Mittel genau dann versiegen, wenn der Rentner das Geld am dringendsten benötigt.*
   Nehmen wir an, der Rentner ist 85 Jahre alt und seine Rentenkasse ist erschöpft. Der ehemalige Arbeitgeber hat keinerlei Verpflichtung ihm gegenüber. Im Gegensatz dazu hätte der alte leistungsorientierte Pensionsplan des Industriezeitalters den Arbeitnehmer bis zu seinem Tod unterstützt, unabhängig vom Alter.

Meine größte Sorge gilt den Sozialversicherungs- und Medicare-Programmen der Regierung, im Besonderen dem Medicare-System in den USA. Wenn wir älter werden, sinken zwar unsere Lebenshaltungskosten, aber die Kosten für die medizinische Versorgung schießen in die Höhe. Eine einzige katastrophale Krankheit kann mehr kosten als das Haus der Person.

Heutzutage ist ein häufiger werdender Grund für Privatkonkurse nicht ein finanzielles Missmanagement, sondern eine katastrophale Krankheit. Ein Bekannter von mir wurde bei einem Autounfall verletzt. Er war der Alleinverdiener im Haushalt, hatte eine unzureichende Krankenversicherung und musste alles verkaufen, was er besaß, um seine Arztkosten zu bezahlen. Zu allem Überfluss wurde bei seiner jüngsten Tochter Leukämie diagnostiziert, und die Familie bittet nun um wohltätige Spenden und Unterstützung durch jeden, der helfen will.

Was ist Verzögerungszeit?

Unter Verzögerungszeit, auch Latenz-Zeit, versteht man die Zeit zwischen der Konzeption einer neuen Idee und ihrer Akzeptanz in der Branche. In der Geschäftswelt sind die beiden Branchen mit den längsten Verzögerungszeiten das Bildungswesen und das Baugewerbe. In der Computerindustrie beträgt die Verzögerungszeit etwa ein Jahr. In der Luft- und Raumfahrtindustrie etwa zwei Jahre. Das heißt, es dauert lediglich zwei Jahre, bis eine neu entwickelte Idee von der Industrie übernommen wird. In Bildungswesen und Bauindustrie beträgt die Verzögerung etwa 50 Jahre.

Viele Menschen hoffen, dass das Bildungssystem die Idee aufgreift, dass das Industriezeitalter vorbei ist. Ich bezweifle, dass sie dies bis zum Jahr 2040 erleben werden. Und das ist ein Grund, warum so viele Eltern ihre Kinder aus der Schule nehmen und sich für den Heimunterricht* entscheiden.

Nicht nur die Industrie, auch der Einzelne kann im Rückstand sein, also hinterherhinken. Im Industriezeitalter war Einsteins $E = mc^2$ die Formel der Zeit. Während des Industriezeitalters hatten zwei Supermächte das Sagen, und die Menschen lebten in Angst vor einem Atomkrieg zwischen ihnen.

Im Informationszeitalter dominiert das World Wide Web. Das Mooresche Gesetz hat jetzt das Sagen. Dieses besagt, dass Informationen und Technologien schnell voranschreiten und sich alle 18 Monate verdoppeln. Das bedeutet, dass jeder von uns sein Wissen alle 18 Monate verdoppeln muss, um nicht Gefahr zu laufen, ins Hintertreffen zu geraten. Deshalb ist es im Informationszeitalter nicht so wichtig, *was* man lernt, sondern *wie schnell* man lernt. Und es ist riskant, sich von jemandem mit alten Informationen beraten zu lassen. Im Informationszeitalter kann »alt« lediglich 18 Monate bedeuten. Sie wollen keine Ratschläge annehmen von jemandem, der im Rückstand ist oder alte Antworten hat. Alte Antworten mögen in den Quizshows für Millionäre funktionieren, in der realen Welt aber nicht mehr.

* Heim- bzw. Hausunterricht durch die Eltern ist in Deutschland nicht erlaubt; es gibt eine Schulpflicht. [Anm. d. Red.]

Welche Art von Bildung brauchen wir im Informationszeitalter?

In vielerlei Hinsicht waren meine beiden Väter großartige Erzieher. Sie lehrten, was sie für wichtig hielten, aber sie lehrten nicht dieselben Dinge. Ich habe eine Liste erstellt, die die Dinge, die mich beide Väter lehrten, zusammenfasst. Obwohl es viele verschiedene Arten von Bildung gibt – zum Beispiel Sportunterricht, Musik- und Kunsterziehung und geistige Bildung, die alle wichtig sind –, sind im Folgenden die drei grundlegenden Bildungsarten aufgeführt, die für ein Minimum an Sicherheit im Informationszeitalter erforderlich sind.

1) ***Akademische Bildung***
   bringt einem das Lesen, Schreiben und Rechnen bei.

2) ***Professionelle Bildung***
   vermittelt die Fähigkeiten, für Geld zu arbeiten, zum Beispiel als Arzt, Rechtsanwalt, Klempner, Sekretärin, Elektriker oder Lehrerin.

3) ***Finanzielle Bildung***
   bringt Ihnen bei, wie Sie Geld für sich arbeiten lassen können.

Es ist offensichtlich, dass alle drei Arten von Bildung wichtig sind. Wenn man nicht lesen, schreiben oder rechnen kann, ist das Leben im Allgemeinen sehr schwer. Leider verlassen viele Schüler heute die Schule, ohne diese Grundkenntnisse zu beherrschen.

Am 7. Mai 2000 veröffentlichte die *Arizona Republic* einen Artikel mit der Schlagzeile: »L.A.s Schulen müssten Tausende durchfallen lassen«.

In dem Artikel werden folgende Punkte genannt:

– Das zweitgrößte Schulsystem des Landes hat seine Pläne aufgegeben, in diesem Jahr eine große Zahl von Schülern durchfallen zu lassen.

– Die Verantwortlichen des Los Angeles Unified School District hatten ursprünglich damit gerechnet, bis zu einem Drittel der 711 000 Schüler durchfallen lassen zu müssen. Aber die Beförderungsrichtlinien wurden gelockert, weil man befürchtete, dass diese Massenausfälle die Schulen lahmlegen könnten.

Das ist richtig. Sie hätten fast eine Viertelmillion Schüler durchfallen lassen müssen, weil diese die grundlegenden Standards im Lesen, Schreiben und Rechnen nicht erreichen konnten. Offizielle Stellen ließen die Schüler passieren, weil die Durchfallrate die Schulen lahmgelegt hätten. Ich frage mich, was dies für einen Schüler bedeutet, der ein Leben lang akademisch »lahmgelegt« ist?

Dies ist ein Beispiel für eine Industrie, die sich in Verzögerung, im Rückstand befindet. Offensichtlich haben sich die Schüler verändert, aber das Schulsystem versucht nach wie vor, auf traditionelle Weise zu unterrichten. Ich persönlich fand Schule langweilig und irrelevant. Der Gedanke, dass ich gute Noten brauche, um meinen Arbeitsplatz zu sichern, hat mich nicht so motiviert, wie es bei meinen Eltern der Fall war. Akademische Bildung ist wichtiger denn je, aber unser

Bildungssystem hält nicht Schritt mit der sich ändernden Zeit, sodass die Bildung der Schüler geopfert wird, während wir darauf warten, dass sich das System ändert und aufholt.

Mein richtiger Vater war einmal der Vorsitzende der Lehrergewerkschaft auf Hawaii. Wegen ihm verstehe ich, warum eine Gewerkschaft für Lehrer so wichtig ist, und ich kann viele von deren Sorgen nachvollziehen.

Ich habe auch Mitgefühl mit den Schülern und bin besorgt über die langfristigen Auswirkungen einer solchen unzureichenden Bildung, die gerade heute wichtiger denn je ist.

Blickt man auf die berufliche Bildung, ist auch die von ganz besonderer Bedeutung. Ein Beispiel: Eine Person, die lediglich einen Highschool-Abschluss hat, kann direkt nach der Schule 10 Dollar pro Stunde verdienen. Würde dieselbe Person eine Elektrikerausbildung machen, könnte ihr Stundensatz leicht auf 50 Dollar oder mehr ansteigen. Multipliziert man diese Differenz von 40 Dollar pro Stunde mit acht Stunden am Tag, fünf Tagen in der Woche, 52 Wochen im Jahr und über 40 Jahre hinweg, dann ist die Investition in eine Berufsausbildung vielleicht eine der besten Renditen, die man erzielen kann. Wenn man bedenkt, dass die meisten Ärzte zehn bis 15 Jahre mehr investieren, um Arzt zu werden, ist es kein Wunder, dass sie der Meinung sind, dass sie ein bisschen mehr Gehalt verdienen als der Rest von uns.

Egal ob Sie in der Schule gut sind oder nicht, ob Sie Arzt oder Hausmeister werden, wir alle brauchen eine finanzielle Grundbildung. Und warum? Weil wir alle, unabhängig davon, was wir tun oder wer wir werden, mit Geld zu tun haben. Ich habe mich oft gefragt, warum wir in der Schule so wenig über Geld lernen. Ich habe mich oft gefragt, warum sich das System so sehr auf Noten und Zeugnisse konzentriert, während mich mein Banker in der realen Welt noch nie aufgefordert hat, mein Zeugnis vorzulegen.

Ich stelle diese Fragen oft Pädagogen. Sie geben Antworten wie: »Wir unterrichten Wirtschaft in der Schule« oder »Viele unserer Schüler lernen, in den Aktienmarkt zu investieren« oder »Wir bieten ein Junior-Business-Programm für Schüler an, die sich für Wirtschaft interessieren«.

Mir ist klar, dass die Menschen, die in diesem System unterrichten, lehren, was sie wissen, und ihr Bestes geben. Wenn Sie jedoch Banker fragen, werden die meisten Ihnen sagen, dass es um mehr geht als um ein Aktienportfolio oder die Noten der Schüler in Wirtschaftswissenschaften.

Für die meisten Menschen, ob hochgebildet oder nicht, kostet sie nicht das, was sie wissen, Geld. Es ist das, was sie *nicht* wissen, was ihr Geld kostet.

Nehmen wir nur ein Thema, um den Mangel an finanzieller Bildung zu verdeutlichen: die Steuern. Den meisten von uns ist klar, dass Steuern unsere größte Einzelausgabe sind. Wir werden besteuert, wenn wir etwas verdienen, ausgeben, sparen, investieren und sterben. Vergleichen Sie nun den hohen Prozentsatz an Steuern, den ein Angestellter zahlt, mit dem geringeren Prozentsatz, den ein Geschäftsinhaber zahlt. Der Unterschied in Dollar über 40 Jahre ist atemberaubend. Einer der Gründe, warum so viele Menschen, die »zur Schule gehen, gute Noten bekommen und einen guten Job haben«, finanziell zu kämpfen haben, ist ganz einfach der, dass der Großteil ihres Geldes an den Staat geht – derselbe Staat, die uns ausbildet, oder es eben versäumt, uns auszubilden. Und Steuern sind nur ein kleines Thema in der großen Welt der finanziellen Bildung.

Berechnen Sie nun die Kosten, die einer Person entstehen, die keinen Finanzbericht lesen kann und nicht einmal weiß, was ein Finanzbericht ist. Oder was geschieht einer Person, die den Unterschied zwischen einem Vermögenswert und einer Verbindlichkeit, zwischen guten und schlechten Schulden, zwischen Schulden und Eigenkapital oder zwischen passivem Einkommen, Erwerbseinkommen und Portfolioeinkommen nicht kennt. Es ist das Fehlen dieses finanziellen Grundwissens, das die finanzielle Intelligenz einer Person untergräbt. Es ist dieser Mangel an finanzieller Intelligenz, der dazu führt, dass viele Menschen beruflich hart arbeiten, viel Geld verdienen, aber finanziell nicht weiterkommen.

Sie haben vielleicht einen sicheren Arbeitsplatz, werden aber nie finanzielle Sicherheit finden.

Mein reicher Vater sagte oft: »Finanzielle Intelligenz ist nicht, wie viel Geld man verdient, sondern wie viel Geld man behält, wie hart dieses Geld für einen arbeitet und an wie viele Generationen man dieses Geld weitergibt.«

Einer der Hauptgründe dafür, dass Kinder aus der unteren und der Mittelschicht mit einem finanziellen Handicap ins Leben starten, ist, dass ihre Eltern ihnen in finanzieller Hinsicht nichts vererben. Es ist fast unmöglich, seinen Arbeitsplatz und seine betriebliche Altersvorsorge in seinem Testament zu vermerken. Ich weiß das, weil meine Eltern uns Kindern nur sehr wenig Geld hinterlassen haben, während der reiche Vater seinen Kindern einen finanziellen Vorsprung von einigen Millionen Dollar verschafft hat. Es wird geschätzt, dass John Kennedy Jr. nach seinem Tod jedem der beiden Kindern seiner Schwester Caroline Hunderte von Millionen Dollar vererbt hat.

Nehmen Sie sich einen Moment Zeit und überlegen Sie, wie anders Ihr Leben verlaufen wäre, wenn Sie einen Vorsprung von 100 Millionen Dollar gehabt hätten. Was hätten Sie mit Ihrem Leben anfangen können, anstatt aufzustehen und zur Arbeit zu gehen?

Finanzielle Grundbildung

Wenn man mich fragt: »Was muss ich in finanzieller Hinsicht wissen?«, antworte ich immer: »Finde von deinem Banker heraus, was ihm oder ihr wichtig ist, und du wirst wissen, was in finanzieller Hinsicht wichtig ist.« Und deshalb war einer der besten Fehler, die ich je gemacht habe, schlechte Noten in der Highschool zu haben. Hätte ich diese schlechten Noten in der Schule nicht bekommen, hätte ich vielleicht nie gemerkt, dass mein Banker meine Noten nicht für wichtig hält. Mein Banker fragt mich nur nach meinem Finanzbericht, und wie ich schon sagte, wissen die meisten Schüler nach der Schule nicht, was ein Finanzbericht ist. Die meisten füllen einfach Berichte aus, die die Bank ihnen zur Verfügung stellt, anstatt ihren eigenen vorbereiteten Finanzbericht einzureichen.

Die meisten Menschen denken, sich Geld zu leihen bedeute, um Geld zu betteln, anstatt dem Banker zu zeigen, warum er oder sie ihnen Geld leihen sollte. Denken Sie immer daran, dass die Aufgabe eines Bankers darin besteht, Ihnen Geld zu leihen, und nicht darin, Sie abzulehnen. Banker verdienen kein Geld, wenn sie Ihnen kein Geld leihen. Wenn ein Banker Sie ablehnt, ist das so, als würde ein Lehrer zu Ihnen sagen: »Sie haben keine guten Noten.« Anstatt sich über den Bankangestellten zu ärgern, sollten Sie ihn oder sie fragen, was Sie *nicht* richtig machen und was Sie tun können, um Ihren Finanzbericht zu verbessern – Ihr wahres Zeugnis, wenn Sie erwachsen sind und die Schule verlassen.

Was ist in Ihrem Finanzbericht wichtig?

Unterschiedliche Menschen achten auf unterschiedliche Dinge in einem Finanzbericht.

Ein Finanzbericht ist wie die Lebensgeschichte einer Person. Er zeigt dem Leser, wie klug oder unwissend eine Person in finanzieller Hinsicht mit ihrem Geld umgeht. Im Folgenden sind einige der Dinge aufgeführt, die mein reicher Vater mir beigebracht hat, worauf ich bei Finanzberichten achten sollte. Der verwendete Finanzbericht stammt aus meinem Brettspiel *CASHFLOW 101*, das ich entwickelt habe, um Finanzwissen und Grundlagen der Geldanlage zu vermitteln.

Die drei Arten von Einkommen

Mein reicher Vater lehrte mich die Bedeutung der drei verschiedenen Einkommensarten:

1. Gewöhnliches Arbeitseinkommen
2. Portfolioeinkommen
3. Passives Einkommen

Wenn ich mir heute die Vermögensaufstellung einer Person ansehe, kann ich in der Regel allein anhand der Einkommensspalte erkennen, ob die Person reich oder arm ist oder der Mittelschicht angehört.

Dies ist der Finanzbericht aus *CASHFLOW 101*. Mit ihm lernen Sie, wie Finanzberichte funktionieren.

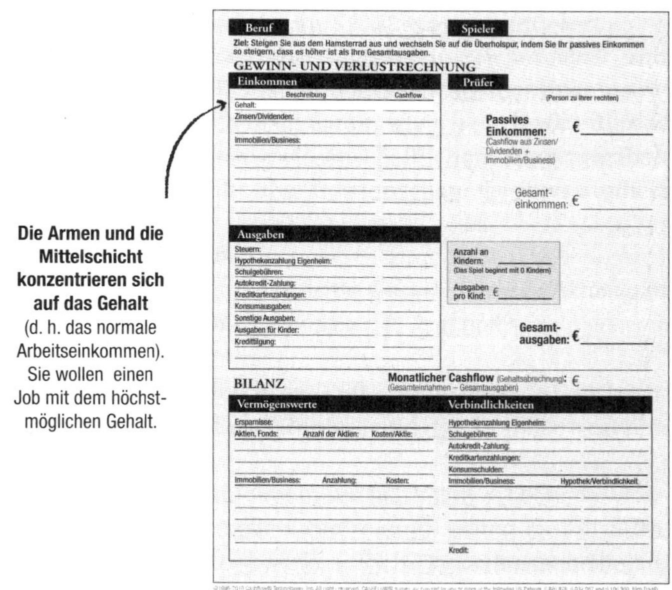

Beruf ________ **Spieler** ________

Ziel: Steigen Sie aus dem Hamsterrad aus und wechseln Sie auf die Überholspur, indem Sie Ihr passives Einkommen so steigern, dass es höher ist als Ihre Gesamtausgaben.

GEWINN- UND VERLUSTRECHNUNG

Einkommen

Beschreibung	Cashflow
Gehalt:	
Zinsen/Dividenden:	
Immobilien/Business:	

Prüfer ________
(Person zu Ihrer rechten)

Passives Einkommen: € ________
(Cashflow aus Zinsen/Dividenden + Immobilien/Business)

Gesamteinkommen: € ________

Ausgaben

Steuern:	
Hypothekenzahlung Eigenheim:	
Schulgebühren:	
Autokredit-Zahlung:	
Kreditkartenzahlungen:	
Konsumausgaben:	
Sonstige Ausgaben:	
Ausgaben für Kinder:	
Kredittilgung:	

Anzahl an Kindern: ________
(Das Spiel beginnt mit 0 Kindern)

Ausgaben pro Kind: € ________

Gesamtausgaben: € ________

BILANZ

Monatlicher Cashflow (Gehaltsabrechnung): € ________
(Gesamteinnahmen – Gesamtausgaben)

Vermögenswerte

Ersparnisse:		
Aktien, Fonds:	Anzahl der Aktien:	Kosten/Aktie:
Immobilien/Business:	Anzahlung:	Kosten:

Verbindlichkeiten

Hypothekenzahlung Eigenheim:	
Schulgebühren:	
Autokredit-Zahlung:	
Kreditkartenzahlungen:	
Konsumschulden:	
Immobilien/Business:	Hypothek/Verbindlichkeit
Kredit:	

Die vorstehende Gewinn- und Verlustrechnung stammt von jemandem, der sein Geld wie eine eher arme oder der Mittelklasse angehörende Person verwaltet, denn die einzige Einkommensart, die hier gezeigt wird, ist das gewöhnliche Arbeitseinkommen, also das Gehalt, mit dem es bei Weitem am schwierigsten ist, reich zu werden. Es ist nahezu unmöglich, mit einem gewöhnlichen Arbeitseinkommen reich zu werden, denn jedes Mal, wenn diese Person eine Gehaltserhöhung erhält, erhöht auch die Regierung ihre Steuer. Und hört die Person auf zu arbeiten, hört auch das gewöhnliche Arbeitseinkommen auf.

Die folgende Gewinn- und Verlustrechnung zeigt eine Person, dieRgute Chancen hat, immer reicher zu werden. Warum? Weil diese Person über passives Einkommen aus Vermögenswerten wie Unternehmen und Immobilien verfügt, das am niedrigsten besteuerte Einkommen, das es gibt. Außerdem verfügt sie über Portfolio-Einkommen aus Aktien, Anleihen und anderen Anlagen.

Die Gewinn- und Verlustrechnung einer Person, die reicher wird, indem sie sich auf Vermögenswerte konzentriert, die passives Einkommen schaffen:

Der starke Fokus auf Vermögenswerte, die passives und Portfolio-Einkommen schaffen. Dies sind die Einkünfte, die die Reichen noch reicher machen.

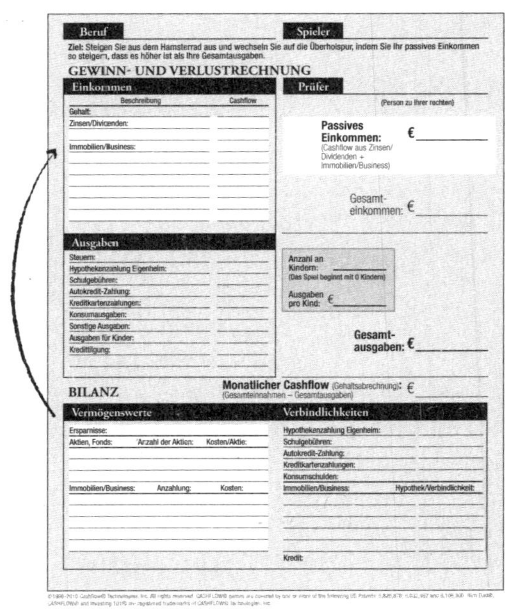

Beruf

Spieler

Ziel: Steigen Sie aus dem Hamsterrad aus und wechseln Sie auf die Überholspur, indem Sie Ihr passives Einkommen so steigern, dass es höher ist als Ihre Gesamtausgaben.

GEWINN- UND VERLUSTRECHNUNG

Einkommen

Beschreibung	Cashflow
Gehalt:	
Zinsen/Dividenden:	
Immobilien/Business:	

Prüfer

(Person zu Ihrer rechten)

Passives Einkommen: € ______
(Cashflow aus Zinsen/Dividenden + Immobilien/Business)

Gesamteinkommen: € ______

Ausgaben

Steuern:	
Hypothekenzahlung Eigenheim:	
Schulgebühren:	
Autokredit-Zahlung:	
Kreditkartenzahlungen:	
Konsumausgaben:	
Sonstige Ausgaben:	
Ausgaben für Kinder:	
Kredittilgung:	

Anzahl an Kindern: ______
(Das Spiel beginnt mit 0 Kindern)

Ausgaben pro Kind: € ______

Gesamtausgaben: € ______

BILANZ

Monatlicher Cashflow (Gehaltsabrechnung): € ______
(Gesamteinnahmen – Gesamtausgaben)

Vermögenswerte

Ersparnisse:

Aktien, Fonds:	Anzahl der Aktien:	Kosten/Aktie:

Immobilien/Business:	Anzahlung:	Kosten:

Verbindlichkeiten

Hypothekenzahlung Eigenheim:	
Schulgebühren:	
Autokredit-Zahlung:	
Kreditkartenzahlungen:	
Konsumschulden:	

Immobilien/Business:	Hypothek/Verbindlichkeit:

Kredit:

Die Kennedy-Kinder brauchten nie einen Job. Sie mussten nie auf das Gehalt am Monatsende warten Und warum? Weil die ältere Kennedy-Generation wusste, dass Portfolio-Einkommen und passives Einkommen die Einkünfte der Reichen sind. Die Kennedy-Kinder entschieden sich zu arbeiten, aber sie brauchten es nicht. Wenn man ein 100-Millionen-Dollar-Portfolio hat, reichen die passiven und die Portfolio-Einkommen mehr als aus, um den Lebensstil der Reichen und Berühmten zu führen

Das Spiel *CASHFLOW 101* ist für jeden wichtig, der ernsthaft reich werden will, denn es lehrt, wie man gewöhnliches Arbeitseinkommen, das Einkommen der Armen und der Mittelschicht, in passives und Portfolio-Einkommen, das Einkommen der Reichen, umwandeln kann. Es ist praktisch unmöglich, nur mit gewöhnlichem Arbeitseinkommen reich zu werden. Leider ist es genau das, was die meisten Menschen versuchen zu tun.

Noch wichtiger ist, dass das Spiel langfristig lehrt, wie ein Jahresabschluss funktioniert. Das ist etwas, das man nicht durch das Lesen eines Buches oder wenige Male Spielen des Spiels lernen kann. Da wir durch Wiederholung lernen, kann nur das wiederholte Spielen des Spiels den Spielerinnen und Spielern dabei helfen, die technischen Aspekte eines Jahresabschlusses zu beherrschen, der nach der Schule ihr Zeugnis ist. Indem man immer wieder lernt, wie ein Jahresabschluss wirklich funktioniert, stärkt das Spiel auch die Bedeutung von passivem und Portfolio-Einkommen, dem Einkommen der Reichen. Es lehrt auch den Unterschied zwischen guten und schlechten Schulden. Durch das wiederholte Spielen des Spiels beginnen Sie, die Kernprogrammierung des harten Arbeitens für Geld aufzubrechen, die die meisten von uns zu

Hause und in der Schule gelernt haben. Das Spiel schult Ihr Gehirn in den Konzepten, wie Geld für Sie arbeiten kann.

Kritiken zu CASHFLOW 101

Ich möchte die drei häufigsten Beschwerden zum Spiel *CASHFLOW 101* mit Ihnen teilen:

1) *Es dauert lange, bis man es lernt.*
Ich empfehle zwei vierstündige Spieldurchgänge, um die Grundlagen des gesamten Spiels zu erlernen: drei Stunden spielen und eine Stunde, um das Gelernte mit den anderen Spielenden zu besprechen.
Die Spielenden berichten, dass die einstündigen Besprechungen der beste Teil des Spiels sind. In diesen Nachbesprechungen setzen die Teilnehmenden das Spiel in Beziehung zu ihren finanziellen Herausforderungen im wirklichen Leben. Nach diesen beiden Durchgängen sind sie besser in der Lage, verschiedene Finanzstrategien auszuprobieren, um das Spiel zu gewinnen. Es ist dem Schachspiel sehr ähnlich, das heißt, es gibt kein Patentrezept, es zu gewinnen. Jedes Mal, wenn es gespielt wird, stellt es Sie vor andere finanzielle Herausforderungen. Durch das Lösen der verschiedenen finanziellen Anforderungen jedes Spiels steigt Ihre finanzielle Intelligenz.

2) *Das Spiel dauert zu lange.*
Das Spiel nimmt viel Zeit in Anspruch, vor allem, wenn man mit dem Lernen beginnt. Die Spieldauer verringert sich jedoch, wenn der Spielende lernt, wie er die sich

ändernden Herausforderungen jedes Spiels lösen kann. Ziel ist es, das Spiel in etwa einer Stunde zu beenden. Mit anderen Worten, die Spieldauer nimmt mit zunehmender finanzieller Intelligenz ab.

3) *Es kostetzu viel.*
Das *CASHFLOW-Spiel* ist ein Lehrmittel, das für Menschen entwickelt wurde, die es mit ihrer finanziellen Bildung ernst meinen.
In einer Marktstudie wurde festgestellt, dass das Spiel, sobald es billiger angeboten wurde, lediglich als Unterhaltungsspiel wahrgenommen wurde und nicht als umfassendes Bildungspaket.

Die *CASHFLOW-Spiele* sind nur für diejenigen, die es mit ihrer finanziellen Bildung ernst meinen. Wie Rich Dad sagte: »Man kann nur zwei Dinge investieren: Zeit und Geld.« Die meisten Menschen sind nicht bereit, Zeit oder Geld in ihre finanzielle Bildung zu investieren, und das ist der Grund, warum nur einer von 100 Menschen bis zum Alter von 65 Jahren ein großes Vermögen erreichen wird.

Wer benotet Ihren Test?

Einer der wichtigsten Gründe, warum man in der Schule ein Zeugnis erhält, ist, dass es einem einen Hinweis darauf gibt, wie gut man abschneidet und was man korrigieren muss. Da viele Menschen nicht wissen, dass ihr Finanzbericht ihr Zeugnis ist, sobald sie die Schule verlassen haben, wissen sie nie wirklich, wie gut es ihnen finanziell geht. Viele Menschen versäumen es, ihr Einkommenspotenzial zu maximieren, und haben die meiste Zeit ihres Lebens mit finanziellen Problemen zu kämpfen.

Mein armer Vater, ein Einser-Schüler in der Schule, fand erst heraus, dass er finanziell gescheitert war, als er mit 50 Jahren seinen Job verlor. Das Traurige daran war, dass er zwar wusste, dass er mit 50 Jahren in finanziellen Schwierigkeiten steckte, aber er wusste nicht, was er dagegen tun sollte. Alles, was er wusste, war, dass das Geld schneller ausgegeben war, als es reinkam. Das ist der Preis dafür, wenn man nicht weiß, wie man einen Finanzbericht erstellt und liest und wie man sich selbst korrigiert, wenn man einen finanziellen

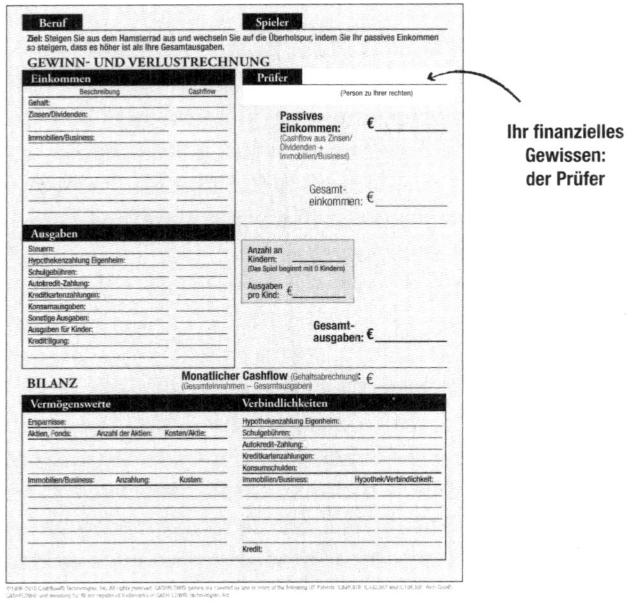

Beruf ____ **Spieler** ____

Ziel: Steigen Sie aus dem Hamsterrad aus und wechseln Sie auf die Überholspur, indem Sie Ihr passives Einkommen so steigern, dass es höher ist als Ihre Gesamtausgaben.

GEWINN- UND VERLUSTRECHNUNG

Einkommen

Beschreibung	Cashflow
Gehalt:	
Zinsen/Dividenden:	
Immobilien/Business:	

Prüfer ____ (Person zu Ihrer rechten)

Passives Einkommen: € ____
(Cashflow aus Zinsen/Dividenden + Immobilien/Business)

Gesamteinkommen: € ____

Ausgaben

Steuern:	
Hypothekenzahlung Eigenheim:	
Schulgebühren:	
Autokredit-Zahlung:	
Kreditkartenzahlungen:	
Konsumausgaben:	
Sonstige Ausgaben:	
Ausgaben für Kinder:	
Kredittilgung:	

Anzahl an Kindern: ____
(Das Spiel beginnt mit 0 Kindern)

Ausgaben pro Kind: € ____

Gesamtausgaben: € ____

Monatlicher Cashflow (Gehaltsabrechnung): € ____
(Gesamteinnahmen – Gesamtausgaben)

BILANZ

Vermögenswerte

Ersparnisse:

Aktien, Fonds:	Anzahl der Aktien:	Kosten/Aktie:

Immobilien/Business:	Anzahlung:	Kosten:

Verbindlichkeiten

Hypothekenzahlung Eigenheim:	
Schulgebühren:	
Autokredit-Zahlung:	
Kreditkartenzahlungen:	
Konsumschulden:	

Immobilien/Business:	Hypothek/Verbindlichkeit:

Kredit:

Misserfolg erlebt. Wenn Sie *CASHFLOW* spielen, werden Sie die Bedeutung Ihres Jahresabschlusses, Ihres Zeugnisses fürs Leben, besser verstehen.

Wenn Sie sich noch einmal den Finanzbericht aus *CASHFLOW 101* ansehen, werden Sie die Zeile mit der Aufschrift »Prüfer« bemerken.

Wenn ich das Spielen des *CASHFLOW-Spiels* in einem Seminar beaufsichtige, stelle ich häufig fest, dass die Spielenden diese Zeile für den Prüfer nicht ausfüllen. Wenn ich sie frage, warum sie sie nicht ausgefüllt haben, antworten sie oft: »Ist das wichtig?« Oder: »Ich brauche niemanden, der meine Arbeit prüft.« An diesem Punkt werde ich strenger und lasse sie wissen, dass der Prüfer, in diesem Fall ein weiterer Spieler im Spiel, einer der wichtigsten Aspekte des Spiels ist. Das Spiel soll gute finanzielle Gewohnheiten fördern, und das regelmäßige Prüfen der Finanzberichte ist eine wichtige finanzielle Gewohnheit für jeden, der reich werden will. In vielerlei Hinsicht ist Ihr Prüfer wie Ihr Lehrer in der Schule, der regelmäßig Ihre Arbeiten durchgeht, Ihnen mitteilt, wie Sie vorankommen, und Ihnen hilft, notwendige Korrekturen vorzunehmen.

Meine Frau Kim und ich durchlaufen diesen Finanzprüfungsprozess regelmäßig. Unser Buchhalter kommt und überprüft jeweils unsere Finanzberichte und Scheckbücher und die Details unseres finanziellen Lebens – zweimal im Monat. Als wir zu kämpfen hatten und knapp bei Kasse waren, war dies ein schmerzhafter Prozess. Es war, als würden wir ein Zeugnis mit lauter Vierern und Fünfern sehen. Aber als wir aus unseren Fehlern lernten, sie korrigierten und unsere finanzielle Situation verbesserten, machten die zweimaligen monatlichen Prüfungen Spaß. Es muss sein, als erhielte man ein Zeugnis mit lauter Einsen – ein schulisches Vergnügen, das ich nie kannte.

Als Kim und ich 1985 anfingen zusammenzuarbeiten, sahen wir uns Jahresabschlüsse an, auf denen nur sehr wenig stand. Die Schulden aus meinen früheren finanziellen Katastrophen in der Passivspalte waren hoch, und in der Aktiv-, also Vermögensspalte hatten wir nichts. Es war sehr unangenehm, unsere Jahresabschlüsse anzuschauen. Es war, als würde man ein Röntgenbild eines Krebspatienten betrachten – nur dass es sich für mich um finanziellen Krebs handelte.

Heute sind meine Einträge in der Vermögensspalte beträchtlich. Die Zahl der Einträge in der Einkommensspalte der ordentlichen, passiven und Vermögenseinkommen hat zugenommen, ebenso wie die Zahl der Nullen nach jeder Zahl. Unsere Einnahmen aus passiven Einkünften und Vermögenseinkommen sind viel größer als die Ausgaben in unserer Ausgabenspalte.

Im Jahr 1985 mussten wir arbeiten, um zu überleben, aber heute arbeiten wir, weil wir arbeiten wollen. Ich bezweifle, dass dies ohne die finanzielle Bildung, die mein reicher Vater mir vermittelt hat, möglich gewesen wäre. Ohne seinen Unterricht hätte ich nicht gewusst, wie wichtig ein Finanzbericht ist. Ich hätte nicht gewusst, was der Unterschied zwischen gewöhnlichem Einkommen, Vermögenseinkommen und passivem Einkommen ist. Ich hätte nicht gewusst, wie wichtig Kapitalgesellschaften sind und wie ich mein Vermögen schützen und die Steuern minimieren kann. Ich hätte nicht erkannt, wie wichtig eine zweimalige monatliche Prüfung ist und warum es für meine finanzielle Freiheit unerlässlich ist, zweimal im Monat geprüft und benotet zu werden. Die zweimalige monatliche Prüfung ist nur ein Teil dessen, was ich erhalten habe. Dank der finanziellen Bildung, die mir mein reicher Vater vermittelte, wurde ich reich, ohne auf meine Kreditkarten zu verzichten, im Lotto zu gewinnen oder an einer Spielshow teilzunehmen.

Meine heutige Einkommensspalte

Heute haben Kim und ich eine Einkommensspalte, die wie folgt aussieht:

Gewöhnliches Einkommen	10 %
Portfolio-Einkommen	20 %
Passives Einkommen	70 %

Vor ein paar Tagen fragte mich ein Zeitungsreporter: »Wie viel Geld verdienen Sie? Wie hoch ist Ihr monatliches Gehalt?«

Ich antwortete: »Nicht viel. Ich würde Ihnen lieber nicht sagen, wie hoch mein Gehalt ist. Vermutlich ist es nicht so hoch wie Ihres.«

Er schüttelte den Kopf und schmunzelte. »Wie können Sie dann ein Buch über Geld schreiben?« Er fuhr fort, dass er Autoren hasse, die über Beziehungen schreiben, aber keine Beziehungen haben, und Autoren, die über Geld schreiben, aber kein Geld haben. Das Gespräch war zu Ende, und er ging.

Jetzt, da Sie finanziell besser informiert sind, werden Sie vielleicht verstehen, warum ich geantwortet habe, wie ich es tat. Mein monatliches Einkommen ist sehr klein, weil es sich bei meinem Gehalt um normales Arbeitseinkommen handelt, also um das am höchsten besteuerte Einkommen. Warum sollte ich ein höheres Gehalt haben wollen, wenn der Staat mir eh nur einen größeren Teil davon wegnehmen wird?

Ich würde lieber mehr passives Einkommen und Vermögenseinkommen haben, das ich für mich selbst behalten kann.

Einer der größten Vorteile einer finanziellen Ausbildung ist die enorme Kontrolle, die Sie über den Betrag, den Sie an Steuern zahlen – Ihre größte Einzelausgabe –, gewinnen.

Berufliches Einkommen

Ein weiterer wichtiger Punkt ist, dass mein heutiges Einkommen nicht aus meiner Berufsausbildung stammt. Nach dem Schulabschluss besuchte ich die U. S. Merchant Marine Academy, wo ich zum Schiffsoffizier auf Tankern, Frachtern und Passagierschiffen ausgebildet wurde. Außerdem besuchte ich die Flugschule der U.S. Navy in Pensacola, Florida, wo ich mich zum Berufspiloten ausbilden ließ. Heute stammen meine Einkünfte aus keinem dieser beiden Berufe.

Ein großer Teil meines passiven Einkommens stammt aus einem Fach, das ich in der Schule nicht geschafft habe.

Wenn Sie sich erinnern, wäre ich im Alter von 15 Jahren im zweiten Highschool-Jahr fast durchgefallen, weil ich nicht gut schreiben konnte. Aufgrund dieses Misserfolgs verbesserte ich mich, und heute bin ich als Autor bekannter als als Pilot oder Schiffsoffizier. Der Unterschied wird in Millionen von Dollar gemessen. Mit anderen Worten: Ich habe mit meinen Misserfolgen viel mehr Geld verdient als mit meinen Erfolgen.

Im Informationszeitalter werden viele von uns mehr als einen Beruf haben. Deshalb kommt es nicht darauf an, *was* man lernt, sondern *wie schnell* man lernt. Denken Sie an das Mooresche Gesetz, das besagt, dass sich die Information alle 18 Monate verdoppelt.

Die Anzahl der richtigen Antworten oder wie gut Ihre Noten in der Schule waren, ist kein Maßstab für Ihren späteren Erfolg im Leben. Ihr Erfolg wird daran gemessen, wie viele Antworten Sie *nicht* wissen, wie oft Sie scheitern, aufstehen, aus Ihren Fehlern lernen, Korrekturen vornehmen, ohne zu beschuldigen, zu lügen oder sich zu rechtfertigen, und dann weitermachen.

Definition eines Verlierers

Wenn Sie herausfinden wollen, was für Ihr finanzielles Zeugnis wichtig ist, gehen Sie einfach zu Ihrem Bankberater vor Ort. Füllen Sie Ihren persönlichen Finanzbericht aus und hoffen Sie, dass er oder sie Sie ablehnt. Wenn man Sie nicht ablehnt, bitten Sie einfach um mehr Geld. Wenn Sie abgelehnt werden, setzen Sie sich hin und fragen Sie, was Sie tun können, um Ihr Finanzzeugnis zu verbessern. Die Informationen, die Sie erhalten, könnten unbezahlbar sein und Ihr Leben verändern. Wie ich schon sagte: Wenn Sie wissen wollen, was in der realen Welt wichtig ist, fragen Sie Ihren Bankberater. Er sieht sich jeden Tag die finanziellen Zeugnisse von Menschen an.

Aber die eigentliche Frage ist: Wenn Banker so viel wissen, warum sind sie dann nicht reich? Warum arbeiten sie immer noch für die Bank und kümmern sich um die Angelegenheiten von anderen?

Die Antwort findet sich im Newtonschen Gesetz, das ich bereits in diesem Buch behandelt habe. Das Newtonsche Gesetz besagt: Für jede Aktion gibt es eine gleichwertige und entgegengesetzte Reaktion.

Die Antwort findet sich auch in der Erklärung, dass ein Polizist, um ein guter, ehrlicher und erfolgreicher Polizist zu sein, auch wissen muss, wie man ein guter Gauner ist. Oder anders gesagt, dass jede Münze zwei Seiten, ein Vogel zwei Flügel hat, und wir haben zwei Beine, Arme, Augen und so weiter.

Der Grund, warum die meisten Banker nicht reich sind, ist, dass sie zu konservativ sind. Um reich zu werden, insbesondere wenn man mit nichts anfängt, muss man sowohl ein guter Spieler als auch ein guter Banker sein, und die meisten guten Banker sind keine guten Spieler. Wie Rich Dad sagte: »Du musst den doppelten Preis zahlen.« Um reich zu werden, muss man den Preis zahlen, sowohl ein guter Banker als auch ein guter Spieler zu sein. Die meisten Menschen sind weder das eine noch das andere.

Rich Dad sagte zu Mike und mir: »Der Grund, warum die meisten Banker nicht reich sind, ist, dass die meisten Banker keine Glücksspieler sind. Und der Grund, warum die meisten Glücksspieler nicht reich sind, ist, dass die meisten Glücksspieler keine guten Banker sind.«

Ich fragte ihn dann: »Sind die meisten Menschen das eine oder das andere? Entweder ein Glücksspieler oder ein Banker?«

Er antwortete: »Nein. Leider sind die meisten Menschen finanzielle Verlierer«.

»Verlierer?« Ich schreckte zurück. »Ist das nicht eine sehr harte Aussage über Menschen?«

»Ich habe finanzielle Verlierer gesagt«, verteidigte sich unser reicher Vater. »Ich wollte niemanden beleidigen. Lass mich dir die Definition eines Verlierers geben, bevor du mich für unfreundlich hältst.«

»Ja, bitte sag mir deine Definition«, antwortete ich, auch ein wenig defensiver.

»Meine Definition eines Verlierers ist jemand, der es sich nicht leisten kann zu verlieren«, sagte er.

»Jemand, der es sich nicht leisten kann zu verlieren?«, wiederholte ich und tat mein Bestes, um die Definition von Rich Dad zu verstehen.

»Lass mich das näher erklären«, sagte mein reicher Vater ruhig. »Wenn es um Geld geht, können es sich die meisten Erwachsenen nicht leisten zu verlieren. Viele Menschen leben heute an dem, was ich ›die rote Linie‹ nenne. Wie du aus deinem Interesse an Autos weißt, ist die rote Linie eines Autos der Punkt, an dem die Motordrehzahl so hoch ist, dass der Motor auseinanderbricht, wenn du noch stärker aufs Gas trittst.«

»Jeder Dollar, der als Einnahme reinkommt, geht also als Ausgabe raus«, schaltete sich Mike ein.

»Das ist richtig«, sagte unser reicher Vater. »Sie können es sich also nicht leisten zu verlieren, weil sie finanziell bereits verloren haben.« Er hielt inne, um in unseren Augen zu lesen, und sagte dann: »Es ist sehr traurig. Millionen von Menschen in diesem Land, dem nahezu reichsten Land der Welt, leben an ihrer finanziellen Grenze.«

»Und«, so schloss ich, »das sind oft die Leute, die sagen: ›Investieren ist riskant‹ oder ›Was, wenn ich mein Geld verliere?‹. Die Leute sagen oft solche Dinge oder klammern sich besonders fest an ihr Geld, weil sie wissen, dass sie die finanzielle Schlacht bereits verloren haben.«

Unser reicher Vater nickte. »Seht ihr, ein echter Spieler weiß, dass Gewinnen und Verlieren Hand in Hand gehen. Professionelle Glücksspieler machen sich nicht vor, dass sie nur gewinnen können. Wahre Glücksspieler wissen, dass sie auch verlieren. Glücksspieler wissen, dass sie oft verlieren, um zu gewinnen.«

»Deshalb muss man, wenn man reich werden will, sowohl ein Spieler als auch ein Banker sein«, fügte ich hinzu und begann, mehr zu verstehen. Die Idee, dass ein guter Polizist auch ein guter Gauner sein muss, begann nun, mehr Sinn zu ergeben.

»Und das ist der Grund, warum Menschen, die in der Schule gute Noten haben, in der realen Welt nicht unbedingt gut abschneiden«, sagte Mike. »Das wirkliche Leben besteht nicht aus richtigen Antworten. Das wirkliche Leben besteht aus einer Vielzahl von Vermutungen, von denen sich einige als richtig und viele als falsch herausstellen.«

Unser reicher Vater nickte und fügte hinzu: »Und deshalb waren so viele der reichsten Menschen der Welt oft diejenigen, die die meisten Fehler gemacht haben. J. Paul Getty war dafür bekannt, dass er bei seiner Suche nach Öl viele trockene Löcher bohrte. Er war berühmt für trockene Löcher. Was ihn reich machte, war, dass er schließlich ein Loch bohrte, das auf eines der größten Ölfelder der Welt stieß. Dasselbe gilt für Thomas Edison, den Mann, der angeblich 10 000 Mal scheiterte, bevor er die Glühbirne erfand. Der Grund, warum ich sage, dass die meisten Menschen Verlierer sind, liegt ganz einfach darin, dass sie ihr Leben so leben, dass sie sich nicht einmal einen kleinen Misserfolg leisten können. Um erfolgreich zu sein, muss man sowohl ein Banker als auch ein Spieler sein, damit man es sich leisten kann zu verlieren, denn jeder Spieler weiß, dass zum Gewinnen auch das Verlieren gehört.«

Ich habe mein *CASHFLOW-Spiel* auf der Grundlage der Lehren des reichen Vaters entwickelt. In diesem Spiel werden Sie lernen, wie man sowohl ein Banker als auch ein Spieler ist. Zu viele Menschen wollen heute ihr Geld in sichere, risikolose Anlagen stecken. Ich befürchte, dass viele dieser Menschen zu den großen finanziellen Verlierern ihres Lebens gehören werden. Sie werden vielleicht nie verlieren, aber sie werden auch nie wirklich gewinnen. Das sind die Leute, die planen, reich zu werden, indem sie sparsam sind und auf Sicherheit bedacht, die unter ihren finanziellen Möglichkeiten leben und auf ihre Kreditkarten zu verzichten. Wie mein reicher Vater sagte: »Man kann reich werden, indem man geizig ist. Das Problem ist, dass du auch reich immer noch geizig bist.«

Wie viel können Sie sich leisten zu verlieren?

Einer der Gründe, warum so viele Menschen Lotto spielen, ist, dass es sich die meisten Menschen leisten können, einen Dollar zu verlieren. Der Grund, warum so viele Menschen an den Dollar-Spielautomaten in den Kasinos spielen, ist, dass sie es sich leisten können, ein paar Dollar zu verlieren. Das Problem ist, dass mindestens 60 Prozent der amerikanischen Bevölkerung es sich nicht leisten können, mehr als ein paar Dollar zu verlieren. Das liegt daran, dass sie das Spiel des Lebens finanziell bereits verloren haben. Viele Menschen werden erst dann feststellen, wie hoch ihre Verluste sind, wenn sie ihren Arbeitsplatz verlieren oder aufgrund ihres Alters oder einer medizinischen Behinderung aufhören müssen zu arbeiten. Hoffentlich haben sie Familienangehörige, die es sich leisten können und bereit sind, sich um sie zu kümmern.

Diese Menschen leben an der roten Linie ihres Lebens, tief verstrickt in Schulden. Sie sind so sehr mit dem Überleben beschäftigt, dass sie sich ein Leben in Wohlstand nicht einmal vorstellen können. Das Kapitel »Übernehmen Sie die Kontrolle über Ihren Cashflow« in dem Buch *Cashflow Quadrant: Rich dad poor dad* hilft den Menschen, einen Plan zu erstellen, wie sie ihre uneinbringlichen Schulden loswerden können. Wenn diese Formel befolgt wird, können die meisten Menschen ihre Schulden innerhalb von fünf bis sieben Jahren loswerden. Die sechs einfachen Tipps erscheinen in diesem Buch in Kapitel 5, »Wie viel Schulden haben Sie wirklich?«.

Diese »Rote Linie«-Leute glauben auch, dass Reichwerden eine Sache des Glücks ist. Bei einem meiner Vorträge stellte mir jemand diese Frage: »Wie groß ist der Anteil des Glücks an Ihren Finanzen?«

Meine Antwort war: »Glück, also LUCK, ist ein Akronym für ›Laboring Under Correct Knowledge‹ –Arbeiten mit adäquatem Wissen.«

Kürzlich haben Kim und ich 120 000 Dollar durch eine schlechte, sehr spekulative Investition verloren. Ein enger Freund war sehr verärgert, fast so, als ob es *sein* Geld wäre. Er sagte zu uns: »Ihr zwei habt Pech.« Kim und ich haben nicht viel darauf geantwortet, denn es gibt keinen wirklichen Grund, mit jemandem zu sprechen, der in Angst vor Verlusten lebt. Wir sagten ihm nicht, dass wir auch etwa 1 Million Dollar verdient und nur 120 000 Dollar in unserem Portfolio verloren hatten.

Wir haben ihm auch nicht gesagt, dass wir uns wirklich glücklich fühlten, und zwar aus zwei Gründen. Grund Nummer eins ist, dass wir aus dem Verlust von 120 000 Dollar viel mehr gelernt haben als aus dem Millionengewinn. Mit anderen Worten: Wir haben aus unseren Fehlern mehr gelernt. Der zweite Grund ist, dass wir es uns leisten konnten, so viel Geld zu verlieren, ohne uns deswegen schlecht zu fühlen.

Das wäre nur wenige Jahre zuvor noch nicht der Fall gewesen.

Kapitel 4

Was ist der Preis für den Verzicht auf Ihre Kreditkarte?

»Sie müssen den Unterschied zwischen guten und schlechten Schulden kennen.«

Rich Dad

Was spricht also dagegen, auf Ihre Kreditkarte zu verzichten?

Für mich ist der Verzicht auf Kreditkarten so, als würde jemand, der abnehmen muss, eine Crash-Diät machen. Einen Monat lang macht man eine strenge Diät und ernährt sich nur von drei Karottenstäbchen pro Mahlzeit und einem kleinen Naturjoghurt zum Nachtisch. Nach 30 Tagen halten Sie die Schmerzen nicht mehr aus.

Eines Tages bietet Ihnen im Einkaufszentrum ein junger Angestellter einer Keksfirma eine kleine Kostprobe an. Der Duft dieser frisch gebackenen Kekse ist für Ihre Sinne überwältigend, also sagen Sie zu sich selbst: »Oh, nur zu. Du warst sehr brav. Nimm nur ein kleines Stück von diesem Keks.« Plötzlich ertappen Sie sich dabei, wie Sie eine Tüte kaufen, um sie »Ihrer Familie mit nach Hause zu bringen«, aber die Kekstüte verlässt nie das Einkaufszentrum. Der Exzess geht weiter. Bald sind Sie zehn Pfund schwerer als zu Beginn der

Diät. Die Aktion einer Crash-Diät führt zu einer Reaktion des Übermaßes.

Menschen, die mich kennen, wissen, dass ich keine Antwort darauf habe, wie Jo-Jo-Diäten zu begegnen ist. Wenn ich die Diät kennen würde, die einen dauerhaften Gewichtsverlust garantiert, wäre ich reicher als Bill Gates. Leider weiß ich nur zu gut, wie es sich anfühlt, eine Diät zu machen und dann wieder einer Heißhungerattacke zu verfallen. In meiner Familie bin ich der Einzige, der seit seiner Kindheit mit Gewichtsproblemen zu kämpfen hat, also kann ich nicht den Genen die Schuld geben.

Ich habe zwar keine Lösung für eine sofortige Gewichtsabnahme, aber ich habe eine Lösung für übermäßige Ausgaben und Kreditkartenschulden. Und auf Ihre Kreditkarten zu verzichten ist nicht die Lösung. Meine Lösung hat ihren Preis. Und wieder einmal lautet die Frage: »Sind Sie bereit, diesen Preis zu zahlen?«

Die Schöne und das Biest

Einer meiner Freunde und seine Frau sind ein Beispiel für körperliche Schönheit. Sie sind schlank, gepflegt und gesund. Diäten sind für sie kein Thema. Auch das Training im Fitnessstudio ist kein Problem.

Die Verwaltung ihres Geldes ist eine andere Geschichte. Beide sind Ende vierzig und verdienen viel Geld, aber sie geben auch so viel aus, dass es die meisten Menschen, die sie kennen, erschreckt. Sie zahlen ihre alten Kreditkartenrechnungen mit ihren neuen Kreditkarten ab. Wenn sie ihre Hypothekenkredite ausschöpfen, kaufen sie ein größeres Haus.

Sie haben ein Vollzeit-Hausmädchen und ein Kindermädchen für ihre Kinder. Sie haben mehr Autos, mehr Spielzeug, mehr Kleidung und mehr Luxusurlaube als Menschen, die zehnmal mehr verdienen als sie. Sie arbeiten hart, um dieses viele Geld zu verdienen, befassen sich aber nie mit dem wahren Problem – ihrem Mangel an finanzieller Zurückhaltung.

Wir sind seit Jahren gute Freunde, und wenn wir uns treffen, halten sie mir einen Vortrag über meine mangelnde Disziplin bei Essen und Sport, und ich warne sie vor ihrer mangelnden finanziellen Disziplin. Wie ich bereits sagte, haben wir alle unsere eigenen Herausforderungen im Leben. Meine ist das Essen, und ihre ist das Geld.

Die Reichen haben mehr Schulden als die Armen

Ich gebe gerne Geld aus, aber Kim und ich gehen nicht leichtfertig mit unserem Geld um. Ich liebe es, die schönen Dinge des Lebens zu genießen. Ich liebe es, die Wahl zu haben, ob ich erster Klasse oder Economy fliege. Ich gebe gerne Trinkgeld, wenn ich gut bedient worden bin. Ich liebe es, Boni zu geben, wenn das Unternehmen einen Extra-Gewinn macht. Ich liebe es, meine Freunde reich zu machen, wenn unsere Investitionen gut laufen. Ich liebe die Freiheit, die man mit Geld kaufen kann. Ich liebe es zu arbeiten, wenn ich es will, und nicht zu arbeiten, wenn ich es nicht will. Für mich bedeutet Geld also Spaß. Geld verschafft mir mehr Möglichkeiten. Vor allem verschafft es Kim und mir die *Freiheit* von der Plackerei des Broterwerbs. Deshalb verstehe ich Leute nicht, die sagen: »Geld macht nicht glücklich.« Ich frage mich oft, was sie zum Spaß tun.

Ich glaube nicht, dass es die Menschen glücklich macht, wenn jemand sagt: »Verzichten Sie auf Ihre Kreditkarten.« Einer der Hauptgründe, warum Menschen Geld ausgeben, ist, um sich selbst glücklich zu machen. Nun gibt es Menschen, die das Bedürfnis nach finanziellem Glück auf die Spitze treiben, so wie es Menschen gibt, die exzessiv Sport treiben oder Diäten machen. Meiner Meinung nach ist der Hauptgrund dafür, dass das Abschaffen von Kreditkarten auf lange Sicht nicht funktioniert, der, dass der Verzicht auf Dinge, die einem Spaß machen, die meisten Menschen nicht glücklich macht. Wenn man die Wahl hat, möchte man lieber mehr Geld haben und die Freiheit, das Leben mehr zu genießen. Die Einzigen, die sagen, »Geld macht nicht glücklich«, sind entweder Leute, die schon viel Geld haben und trotzdem unglücklich sind, oder Leute, die nicht wissen, was Glücklichsein wirklich bedeutet. Meiner Meinung nach sind Menschen unglücklich, wenn sie nicht in der Lage sind, ihre Rechnungen zu bezahlen, oder nicht das Geld haben, um die Dinge zu tun, die sie gerne tun würden.

In den späten 1970er-Jahren machte mein Unternehmen mit meiner Surfer-Geldbörse aus Nylon und mit Klettverschluss sehr schnell Millionen von Dollar. Da ich Ende zwanzig war, stiegen mir das Geld und der Erfolg direkt zu Kopf. Jedes Mal, wenn ich einen Blick auf die Bilanz des Unternehmens warf und sah, wie sich das Geld auftürmte, fühlte ich mich mehr und mehr beschwingt. Ich wurde übermütig und arrogant. Ich dachte, dass mit jedem Dollar auch mein IQ anstieg.

Leider hat es bei mir genau umgekehrt funktioniert. Während mein Vermögen zunahm, ging mein finanzieller IQ zurück. Bald war ich auf schnelle Autos und schnell zu habende Frauen fixiert. Die Erfahrung mit schnellen Autos und schnell zu habenden Frauen hat Spaß gemacht, und ich bereue diese Zeit in meinem Leben nicht, aber sie konnte nicht von Dauer sein. Es war eine ernüchternde Erfahrung, von einem Papiermillionär zu einem Menschen zu werden, der plötzlich fast 1 Million Dollar Schulden hat. Deshalb mache ich mir Sorgen um so viele Menschen, die sich heute reich fühlen, weil ihre Portfolios mit Papierwerten gefüllt sind. Es gibt einen sehr großen Unterschied zwischen Papieranlagen und *echten Anlagen*, zwischen *Papiervermögen* und *echtem* Vermögen.

Nachdem ich meine erste Million verloren hatte, ging ich zu meinem reichen Vater, um ihn um Rat zu fragen. Als er sich meinen Finanzbericht ansah, schüttelte er nur den Kopf und sagte schließlich: »Das ist ein finanzielles Zugunglück.« Dann fuhr er fort, mich zurechtzuweisen. Wie ich bereits über den Wert von Fehlern gesagt habe, gehörten auch dieses »finanzielle Zugunglück« und der darauf folgende Verweis zu den besten Lektionen in meinem Leben. Der Wert dieses Fehlers war unbezahlbar und ist mir auch heute noch von großem Nutzen. Obwohl mich dieser Fehler fast 1 Million Dollar gekostet hat, hat er mir auf lange Sicht viele weitere Millionen eingebracht und wird mir in Zukunft noch mehr Geld einbringen.

Einen Fehler zu machen und daraus zu lernen, kann eine unbezahlbare Erfahrung sein. Aber einen Fehler zu machen und dann zu lügen, zu beschuldigen, zu leugnen oder so zu tun, als hätte man keinen Fehler gemacht, ist eine Verschwendung eines guten Fehlers. Wenn ich mich heute inmitten eines neuen Fehlers befinde, sage ich mir: »Behalte einen kühlen Kopf. Lass dich nicht unterkriegen. Sei aufmerksam und lerne aus dieser Erfahrung. Diese scheinbar schlechte Erfahrung wird dir guttun, wenn du bereit bist, aus ihr zu lernen. Sei aufmerksam und lerne so viel wie möglich, solange du mittendrin steckst.«

In meinen späten Zwanzigern zum Papiermillionär und dann zu einem Verlierer mit 1 Million Dollar an echten Schulden zu werden, war eine schreckliche Erfahrung. Ich wünschte, ich könnte sagen, dass ich aufmerksam war und die Erfahrung wirklich zu schätzen wusste, während das Kartenhaus zusammenbrach, aber das tat ich nicht. Ich habe beschuldigt, gelogen, geleugnet und versucht, vor meiner Verantwortung davonzulaufen. Das Gute daran war, dass ich meinen reichen Vater hatte, der mich festhielt und dazu brachte, mit den Schuldzuweisungen aufzuhören und eine der wichtigsten Lektionen meines Lebens zu lernen.

Aus guten Schulden werden schlechte Schulden

Nachdem ich meine große Lernerfahrung gemacht und mein reicher Vater mich zurechtgewiesen hatte, sagte er: »Du hast erfolgreich 1 Million Dollar an *guten* Schulden in 1 Million Dollar an *schlechten* Schulden umgewandelt. Nicht viele Menschen machen so große Fehler. Du kannst aus dieser Erfahrung lernen oder du kannst davor weglaufen. Du hast die Wahl.« Wie ich schon sagte, können Fehler unbezahlbare Erfahrungen sein, aber wenn man mitten in einem Fehler steckt, ist es oft schwierig, den Wert der eigenen Dummheit zu erkennen.

Nichtsdestotrotz war dieses »finanzielle Zugunglück«, wie mein reicher Vater es nannte, mit wertvollen Lektionen gefüllt. Eine der wichtigsten Lektionen, die ich gelernt habe, war, mich meinen Fehlern zu stellen, aus ihnen zu lernen und zu versuchen, sie nicht zu wiederholen. Da ich mich entschied, für meine Fehler geradezustehen, wurde dies zur wichtigsten Lektion in einer Kette vieler wichtiger Lektionen.

Eine andere grundlegende Lektion war es, den Unterschied zwischen guten Schulden und schlechten Schulden zu erkennen. Ich hatte das Konzept zuvor nicht wirklich verstanden, zumindest nicht so klar wie in diesem Moment. Mein reicher Vater hatte mich oft vor guten wie schlechten Schulden gewarnt. Er sagte: »Jedes Mal, wenn du jemandem Geld schuldest, wirst du ein Angestellter von dessen Geld.« Er erklärte seinem Sohn und mir, dass *gute Schulden die Schulden sind, die jemand anderes für dich bezahlt. Schlechte Schulden sind Schulden, die man mit seinem eigenen Schweiß und Blut bezahlt.* Deshalb liebte er Mietimmobilien. Er fügte hinzu: »Die Bank gibt dir den Kredit, aber dein Mieter zahlt dafür.« Ich hatte das Konzept gehört und verstand es intellektuell, aber jetzt lernte ich den Unterschied zwischen guten und schlechten Schulden mit meinem Körper, meinem Verstand und meinem Geist.

Wenn ich heute Leute sehe, die ihre Kreditkartenschulden einfach in ein Hypothekendarlehen umwandeln, erschaudere ich. Sie denken vielleicht, dass das eine gute Idee ist und dass die Regierung ihnen dafür eine Steuererleichterung gewährt, aber jetzt weiß ich es besser. Ich weiß, dass sie lediglich sehr teure, kurzfristig schlechte Schulden in weniger teure, langfristig schlechte Schulden umgewandelt haben. Das mag ihnen vorübergehend Erleichterung verschaffen, aber das

Problem ist damit nicht gelöst. Sie haben ihre Kreditkartenschulden in eine zweite Hypothek umgewandelt.

Das Wort *mortgage – Hypothek* kommt vom altfranzösischen Wort *mort,* das *Tod* bedeutet. *Mortir* bedeutet »eine Verpflichtung bis zum Tod«. Wie meine Freunde, die hart arbeiten, nur um immer tiefer in die Schulden zu geraten, ignorieren sie weiterhin das eigentliche Problem oder lernen die harte Lektion. Wenn sich nicht etwas ändert, werden sie mit ihren Schulden »bis zum Tod verbunden« sein.

Nachdem ich alles verloren hatte, fühlte ich mich schrecklich, gab anderen die Schuld für meine Fehler und wollte vor meinen Problemen davonlaufen. Rich Dad zwang mich, mich meinen Fehlern zu stellen. Die Zahlen durchzugehen, war ein schmerzhafter, aber sehr nützlicher Prozess. Indem ich mich meinen Fehlern stellte, wurde mir klar, dass ich unmöglich hart genug arbeiten konnte, um alle Schulden zu tilgen. Die meisten Menschen tilgen nur ein wenig auf einmal und schieben das Schuldenproblem langsam vor sich her. Wenn man 100 000 Dollar verliert oder 100 000 Dollar Schulden hat, ist es möglich, hart zu arbeiten und so die Schulden zu tilgen. Aber wenn man viel mehr Geld verliert, sind der Schmerz und die Realität der vielen Schulden ernüchternd. Als ich 1 Million Dollar verlor, wusste ich, dass harte körperliche Arbeit nicht ausreichen würde zur Tilgung, zumindest nicht mit meiner begrenzten Verdienstmöglichkeit. Das war für mich lebensverändernd.

Als sich mein reicher Vater beruhigt hatte, sah er mich an und sagte: »Du kannst vor dieser Erfahrung davonlaufen und so tun, als wäre sie nie passiert. Oder du kannst sie zur besten Erfahrung deines Lebens machen.«

An diesem Tag im Jahr 1979 lehrte mich mein reicher Vater eine Lektion, die sich als unbezahlbar erwiesen hat. An diesem Tag sagte er: »Die Reichen haben mehr Schulden als die Armen. Der Unterschied ist, dass sie gute Schulden haben, während die Armen und die Mittelschicht mit schlechten Schulden belastet sind.« Er fuhr fort: »Man sollte alle Schulden, ob gut oder schlecht, so behandeln wie eine geladene Waffe – mit viel Respekt. Menschen, die die Macht der Schulden nicht respektieren, werden durch sie oft finanziell angeschlagen – manchmal sogar getötet. Menschen, die die Macht der Schulden respektieren und nutzen, können reicher werden als in ihren kühnsten Träumen. Wie du jetzt weißt, haben Schulden die Macht, dich sehr reich zu machen, und sie haben ebenso die Macht, dich sehr arm zu machen.«

Die Macht der Verschuldung nutzen

Es gibt viele Gründe, warum ich mich nicht dem Zug derer anschließe, die sagen: »Verzichten Sie auf Ihre Kreditkarten, machen Sie keine Schulden und leben Sie unter Ihren Möglichkeiten.« Ich sage diese Dinge nicht, weil ich nicht glaube, dass diese Ratschläge das Problem für jeden lösen, der reich sein will. Für Menschen, die viel Geld haben und den Lebensstil genießen wollen, den Geld mit sich bringen kann, ist es weder eine Lösung, einfach auf die Kreditkarten zu verzichten und die Schulden zu erlassen, noch macht es die Menschen unbedingt glücklich. Was die finanziellen Grundprinzipien angeht, so stimme ich zu, dass es für die meisten Menschen ein guter Rat ist, ihre Kreditkarten zu kündigen. Aber einfach nur die Schulden loszuwerden, funktioniert nicht für jeden, der reich werden und das Leben genießen will. Wer reich werden will, muss wissen, wie man mehr Schulden der richtigen

Art macht, wie man die Macht der Schulden respektiert und wie man sie sich zunutze macht. Wenn Menschen nicht bereit sind zu lernen, wie man die Macht der Schulden respektiert und nutzt, dann ist es ein guter Rat, auf Kredite zu verzichten und unter ihren Möglichkeiten zu leben. Beide Entscheidungen sind mit einem Preisschild versehen.

Ein toller Gebrauchtwagen

Vor ein paar Monaten kam ein Freund zu mir nach Hause, um mir sein neues Auto zu zeigen. »Ich habe ein tolles Geschäft gemacht«, sagte er. »Ich habe nur 3500 Dollar dafür bezahlt, 500 Dollar für ein paar Teile investiert, und es läuft großartig. Ich könnte es leicht für 6000 Dollar verkaufen.« Dann sagte er: »Komm. Setz dich hinein. Mach eine Spritztour.« Da ich nicht unhöflich sein wollte, tat ich, was er verlangte, und fuhr mit dem Auto eine Runde durch die Nachbarschaft. Am Ende der Probefahrt lächelte ich und sagte: »Das ist ein tolles Auto.« Im Stillen aber sagte ich mir: »Es muss neu lackiert werden, der Innenraum riecht nach alten Zigaretten, und ich möchte so ein deprimierendes Fahrzeug nicht besitzen.« Er nahm die Schlüssel zurück, lächelte und sagte: »Ich weiß, es ist keine Schönheit, aber ich habe bar dafür bezahlt, also habe ich keine Schulden.« Als er losfuhr, quoll dicker Rauch aus dem Auspuff.

Wenn Sie reicher werden wollen, kaufen Sie ein neues Auto

Meine Frau Kim fährt ein schönes Mercedes Cabrio. Ich fahre ein Porsche Cabrio. Selbst als wir pleite waren, fuhren wir einen Porsche und einen Mercedes oder andere schöne Autos. Wir haben nicht bar bezahlt. Wir haben uns Geld geliehen, um sie zu kaufen. Und warum? Lassen Sie mich das anhand der folgenden Geschichte erklären, die ich oft in meinen Seminaren erzähle. Es ist eine Geschichte über gute und schlechte Schulden und den Genuss der schönen Dinge des Lebens.

Im Jahr 1995 erhielt ich einen Anruf von meinem örtlichen Porsche-Händler. Er sagte: »Das Auto Ihrer Träume ist hier.« Ich fuhr sofort zu seinem Ausstellungsraum, um mir einen Porsche Speedster von 1989 anzusehen. Ich wusste bereits, dass von diesem Modell innerhalb von drei Jahren nur 8000 Stück hergestellt worden waren. Im Jahr 1989 kauften Porsche-Liebhaber sie, stellten sie auf Blocks und lagerten sie ein. Wenn man einen Sammler fand, der einen verkaufen wollte, lag die Preisvorstellung 1989 bei 100 000 bis 120 000 Dollar. Aber 1995 sah ich mir den seltensten aller Porsche Speedster von 1989 an. Es handelte sich um den Speedster Nummer 1, den ersten, der jemals von diesem Modell gebaut wurde, und er hatte die Porsche-Turbokarosserie, was lediglich für einen engagierten Porsche-Fan von Bedeutung ist. Da es sich um das erste gebaute Modell handelte, war es auch das Modell, mit dem das Werk auf Autoshows in der ganzen Welt unterwegs war und das für das Foto in der Broschüre verwendet wurde. Der Wagen wurde auch mit einer speziellen Plakette des Porsche-Werks versehen. 1989, nach dem Ende der Tournee, wurde auch dieser Wagen auf Blöcke gestellt und in einem Lagerhaus eingelagert. Als ein Sammler 1995 beschloss, ihn zu verkaufen, rief mich der Händler an. Er wusste, dass dies das Auto war, nach dem ich gesucht hatte. Der Wagen war zwar gebraucht, hatte aber nur 2400 Meilen auf dem Tacho.

Meine Frau Kim sah zu, wie ich in einen hypnotischen Zustand verfiel, als ich zu dem Auto meiner Träume ging. Ich setzte mich ins Auto, nahm das Lenkrad in die Hand, atmete tief ein und roch den reichen Duft des Leders, der noch im Auto war. Das Auto war absolut makellos, und die Farbe perfekt, ein Farbton, den Porsche »Leinen-Metallic« nennt. Kim schaute mich an und fragte: »Willst du ihn?« Ich antwortete mit einem Kopfnicken und einem Lächeln.

»Dann gehört er dir«, sagte Kim. »Du musst nur einen Vermögenswert finden, um es zu bezahlen.« Wieder nickte ich, kletterte aus dem Auto, schnupperte an den Reifen und lächelte. Es war das Auto meiner Träume, und es gehörte mir. Wir leisteten eine Anzahlung auf das Auto, vereinbarten eine Finanzierung mit dem Händler, und ich machte mich auf die Suche nach dem Vermögenswert, der das Auto bezahlen würde. Mit anderen Worten: Ich wollte einen *Vermögenswert* finden, um meine *Verbindlichkeiten zu* begleichen, und *gute Schulden* nutzen, um die *schlechten Schulden* zu bezahlen.

Etwas mehr als eine Woche später fand ich eine großartige Immobilie, lieh mir Geld, um sie zu kaufen, und der Cashflow aus der Immobilie bezahlte die Schulden für den Porsche. Ein paar Jahre später war der Porsche abbezahlt, und ich hatte immer noch den Cashflow aus der Immobilie.

Mit anderen Worten: Anstatt ärmer zu werden, weil ich eine teure Verpflichtung hatte, wurde ich reicher *und* bekam das Auto meiner Träume, das mir heute noch gehört. Dasselbe haben wir gemacht, als meine Frau den Mercedes ihrer Träume fand.

Die besten Dinge im Leben sind kostenlos

Es gibt ein Sprichwort, das besagt: »Die besten Dinge im Leben sind kostenlos.«

Und ich stimme zu. Ein einfaches Lächeln kann so viele Menschen glücklich machen, und ein Lächeln kostet nichts. Ein Schulterklopfen mit dem Wort »Herzlichen Glückwunsch« kostet nichts und kann einen ganzen Tag erhellen. Einen Sonnenaufgang oder einen Vollmond zu genießen kostet nichts. Meiner Meinung nach sind also die besten Dinge im Leben kostenlos. Was ich in diesem Abschnitt nicht meine, sind die schönen Dinge des Lebens, die Geld kosten. Die Art von Glück, von der ich spreche, ist das Glück, das man durch materielle Dinge findet. Ich schreibe nicht über inneres Glück, denn das kann man durch materiellen Besitz nicht erreichen, wenn man es nicht schon hat. Inneres Glück ist kostenlos – und unbezahlbar, wenn man es hat. Obwohl jeder von uns freien Zugang zu seinem eigenen inneren Glück hat, finden es nicht alle von uns.

Die Bedeutung des Lebensstandards

Wäre ich in der Highschool, wäre das 3500-Dollar-Schnäppchen-Auto meines Freundes mein Traumauto. Ich würde mit diesem Auto voller Stolz fahren und es all meinen Freunden vorführen. Aber in meinen Vierzigern war das Herumfahren in einem billigen Auto nicht meine Vorstellung von einem Traum. Es geht um etwas, das man »Lebensstandard« nennt und das ein Maß für Ihr materielles Glück und Ihre Zufriedenheit ist.

Es gibt drei Gründe, warum das Bewusstsein für Ihr materielles Glück oder Veränderungen in Ihrem Lebensstandard wichtig sind.

1) *Ihre Ansprüche ändern sich.*
Wenn wir älter werden, ändern sich unsere Ansprüche, weil wir uns verändern. Wenn eine Person feststellt, dass sich ihr Geschmack verfeinert, aber ihre Fähigkeit, sich ihre geschmacklichen Verfeinerungen zu leisten, sich nicht ändert, kann diese Person anfangen, Kredite aufzunehmen und ihren Anteil an uneinbringlichen Schulden zu erhöhen, um sich diese Veränderungen leisten zu können. Wenn sich Ihre Ansprüche ändern, vor allem wenn sie teurer werden, ist es wichtig, dass Sie Wege finden, Ihr Einkommen zu erhöhen, um sich diese Änderungen leisten zu können.

2) *Es ist wichtig, diesen inneren Wandel der materiellen Standards zu respektieren.*
Das innere Glück einer Person kann beeinträchtigt werden, wenn sich ihre materiellen Ansprüche ändern, die Person aber nicht in der Lage ist, finanziell mit diesen Veränderungen Schritt zu halten. Ich könnte zum Beispiel ein glücklicher Highschool-Junge mit einem 3500 Dollar teuren Gebrauchtwagen sein, aber ich wäre ein unglücklicher Erwachsener, der dasselbe Auto fährt, von dem ich in der Highschool geträumt habe. Heute

treffe ich viele Menschen, denen es an innerem Frieden fehlt, weil sie mit den Veränderungen in ihrem Verlangen nach den schönen Dingen des Lebens nicht Schritt gehalten haben. Ich treffe viele Menschen, die unglücklich sind, die unter ihren Möglichkeiten leben und versuchen, glücklich zu sein, indem sie nur Dinge kaufen, die billig und erschwinglich sind, aber unter ihrem persönlichen Standard liegen.

3) *Es kostet sogar weniger, wenn Sie kaufen, was Sie wünschen.* Ich bin sehr zufrieden mit meinem Auto, und meine Frau ist mit ihrem zufrieden. Es mag den Anschein haben, dass wir mehr ausgeben, um unseren materiellen Ansprüchen gerecht zu werden, wozu auch unser Haus und unsere Kleidung gehören, aber auf lange Sicht geben wir tatsächlich weniger Zeit und Geld aus, weil wir kaufen, was wir wollen.

Gelernte Lektionen

Vor Jahren sagte mein reicher Vater: »Manche Menschen glauben, dass Gott will, dass wir sparsam leben und die Versuchungen der schönen Dinge des Lebens meiden. Andere Menschen glauben, dass Gott diese wunderbaren Dinge geschaffen hat, damit wir sie genießen können. Es liegt an Ihnen zu entscheiden, an welche Sichtweise von Gott Sie glauben wollen.«

Ich erzähle die Geschichte meines Porsches, weil ich möchte, dass Sie die wunderbaren materiellen Dinge, die diese Welt zu bieten hat, haben können – ohne Ihr finanzielles

Wohlergehen zu opfern und in der finanziellen Hölle zu landen. Und ich erzähle die Geschichte, weil ich daraus Lektionen über Wohlstand ziehe.

Lektion Nr. 1: Die Bedeutung von guten Schulden und schlechten Schulden

Wie bereits erwähnt, betonte Rich Dad die Wichtigkeit von Finanzwissen und die Tatsache, dass dein Finanzbericht dein Zeugnis ist, wenn du die Schule verlassen hast. Der folgende Finanzbericht zeigt, wie meine Aktiva meine Passiva bei der Porsche-Transaktion finanzieren.

Meine Aktiva kaufen meine Passiva

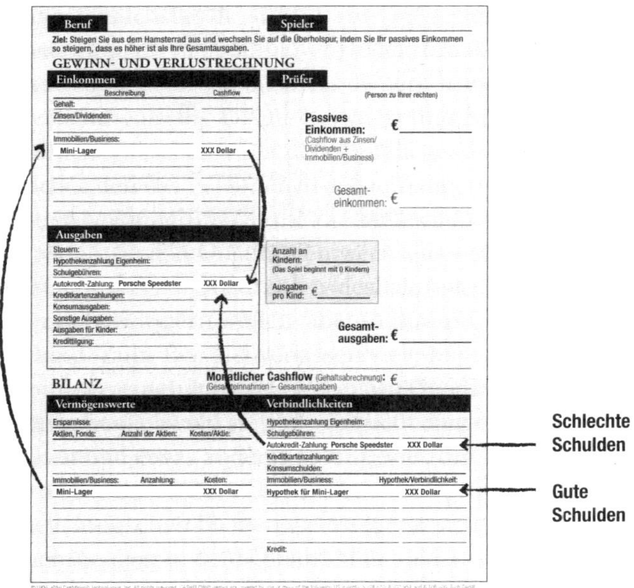

Beruf — Spieler

Ziel: Steigen Sie aus dem Hamsterrad aus und wechseln Sie auf die Überholspur, indem Sie Ihr passives Einkommen so steigern, dass es höher ist als Ihre Gesamtausgaben.

GEWINN- UND VERLUSTRECHNUNG

Einkommen

Beschreibung	Cashflow
Gehalt:	
Zinsen/Dividenden:	
Immobilien/Business:	
Mini-Lager	XXX Dollar

Prüfer (Person zu Ihrer rechten)

Passives Einkommen: € (Cashflow aus Zinsen/Dividenden + Immobilien/Business)

Gesamteinkommen: €

Ausgaben

Steuern:	
Hypothekenzahlung Eigenheim:	
Schulgebühren:	
Autokredit-Zahlung: Porsche Speedster	XXX Dollar
Kreditkartenzahlungen:	
Konsumausgaben:	
Sonstige Ausgaben:	
Ausgaben für Kinder:	
Kredittilgung:	

Anzahl an Kindern: (Das Spiel beginnt mit 0 Kindern)

Ausgaben pro Kind: €

Gesamtausgaben: €

BILANZ

Monatlicher Cashflow (Gehaltsabrechnung): € (Gesamteinnahmen – Gesamtausgaben)

Vermögenswerte

Ersparnisse:		
Aktien, Fonds:	Anzahl der Aktien:	Kosten/Aktie:
Immobilien/Business:	Anzahlung:	Kosten:
Mini-Lager		XXX Dollar

Verbindlichkeiten

Hypothekenzahlung Eigenheim:	
Schulgebühren:	
Autokredit-Zahlung: Porsche Speedster	XXX Dollar
Kreditkartenzahlungen:	
Konsumschulden:	
Immobilien/Business:	Hypothek/Verbindlichkeit:
Hypothek für Mini-Lager	XXX Dollar
Kredit:	

Wie Sie sehen können, habe ich mir sowohl für den Porsche als auch für die Immobilieninvestition – in diesem Fall ein Mini-Lagerprojekt in Texas – Geld geliehen. Der Cashflow aus der Investition deckte die monatlichen Kosten für den Porsche. Dank eines guten Managements stieg der Cashflow aus dem Mini-Lager stark an und der Porsche wurde zwei Jahre früher abbezahlt. Heute besitzen Kim und ich die Immobilien, den Cashflow und den Porsche. Beim Kauf ihres Mercedes sind wir ähnlich vorgegangen. Wir sind also reicher geworden und konnten gleichzeitig die Autos unserer Träume fahren. Unsere Freunde, das Paar, das über seine Verhältnisse lebt und die Autos seiner Träume fährt, wird ärmer statt reicher, weil das Einkommen aus ihrem Job ihre einzige Einnahmequelle ist. Äußerlich sehen sie gut aus, aber ich habe den Verdacht, dass die finanziellen Sorgen, die sich aus schlechten Schulden ergeben, sie innerlich auffressen. Sie kaufen Verbindlichkeiten mit schlechten Schulden, anstatt Vermögenswerte mit guten Schulden zu kaufen.

Der Kauf von Vermögenswerten mit guten Schulden, die den Cashflow für die Bezahlung von Verbindlichkeiten liefern, die man im Leben haben möchte, ist das, was Rich Dad mir beigebracht hat. Der Cashflow aus Ihrem Vermögen stellt Ihr Geld dar, das für Sie arbeitet, etwas, das meine Freunde und viele Menschen heute immer noch nicht verstehen.

Kapitel 4

Für wen arbeiten Sie wirklich?

Wenn es um gute Schulden im Gegensatz zu schlechten Schulden geht, möchte ich wiederholen, was mein reicher Vater oft zu mir sagte: »Jedes Mal, wenn du jemandem Geld schuldest, wirst du ein Angestellter von dessen Geld.« Das heißt, wenn Sie einen Kredit mit 30 Jahren Laufzeit aufnehmen, sind Sie sofort ein Angestellter mit 30 Jahren Laufzeit. Leider bekommt man keine goldene Uhr, wenn die Schulden getilgt sind.

Rich Dad hat sich zwar Geld geliehen, aber er hat sein Bestes getan, um nicht die Person zu werden, die für die Kredite bezahlt. Das ist der Schlüssel. Sein Rat ist es wert, wiederholt zu werden. Seinem Sohn Mike und mir erklärte er, dass gute Schulden Schulden sind, die jemand anderes für dich abbezahlt, und schlechte Schulden sind Schulden, die du mit deinem eigenen Schweiß und Blut bezahlst. Seine Liebe zu Mietobjekten beruhte auf dem Grundsatz: »Die Bank gibt dir den Kredit, aber dein Mieter zahlt ihn für dich ab.«

Lassen Sie mich anhand eines typischen Beispiels aus dem wirklichen Leben erläutern, wie das funktioniert. Nehmen wir an, Sie finden ein nettes kleines Haus in einer guten Gegend, das zum Verkauf steht. Das Haus muss zwar etwas instand gesetzt werden – vielleicht ein neues Dach, neue Dachrinnen und ein frischer Anstrich. Aber im Großen und Ganzen ist es von anderen Häusern umgeben, die recht gut gepflegt sind, die Nachbarschaft ist solide und die Schulen sind gut. Und was noch besser ist: Das Viertel liegt direkt neben der örtlichen staatlichen Universität, die immer auf der Suche nach weiteren Studentenwohnungen ist, da die Zahl der Studenten auf dem Campus Jahr für Jahr steigt.

Der Hauseigentümer möchte sich zur Ruhe setzen und an einen warmen und sonnigen Ort ziehen. Er verlangt 110 000 Dollar für sein Haus. Sie verhandeln ein wenig mit ihm und einigen sich schließlich auf einen Preis von 100 000 Dollar. Sie haben bereits 10 000 Dollar auf Ihrem Bankkonto gespart, sodass Sie eine Hypothek von mindestens 90 000 Dollar aufnehmen müssen. Da diese 10 000 Dollar aber so ziemlich alles sind, was Sie an Bargeld zur Verfügung haben, beschließen Sie, eine Hypothek über 100 000 Dollar zu beantragen. Und warum? Weil Sie mit den zusätzlichen 10 000 Dollar die Abschlusskosten der Bank bezahlen und einen örtlichen Handwerker damit beauftragen können, das Haus zu streichen und das Dach und die Dachrinnen zu reparieren.

In vielen Fällen ist die Bank gerne bereit, Ihnen eine Hypothek zu gewähren. Warum? Weil die Hypothek durch den Beleihungswert des Hauses gesichert ist. Wenn Sie bei einer Bank einen Kredit von 100 000 Dollar beantragen würden und keine Sicherheiten oder gesicherten Vermögenswerte hätten, würde die Bank Sie abblitzen lassen. Wenn Sie aber eine Immobilie als Sicherheit haben, wird die Bank Ihnen in der Regel helfen, den Kredit zu finanzieren. Denken Sie daran, dass die Bank davon lebt, Kredite zu vergeben – und das tut sie, wenn sie weiß, dass es echte Sicherheiten gibt, die den Kredit absichern.

Machen wir weiter. Bei den derzeitigen Zinssätzen gewährt Ihnen die Bank eine 30-jährige Hypothek zu einem Zinssatz von 6 Prozent. Zuerst will sie natürlich die 10 000 Dollar in bar als Anzahlung, die Sie ihr geben. So beträgt Ihre Gesamtinvestition, mit der Hypothek von 100 000 Dollar, nun also 110 000 Dollar.

Wenn Sie die Grundsteuer mit einrechnen, wird Ihre monatliche Hypothekenzahlung etwa 700 Dollar betragen. Aber wie bereits erwähnt, wollen Sie nicht für die nächsten 30 Jahre ein Angestellter dieses Bankkredits sein. Solange Sie den Schuldendienst leisten müssen, arbeiten Sie für die Bank.

Am besten ist es, wenn Sie die Schulden von jemand anderem begleichen lassen.

Rich Dad würde vorschlagen, dass Sie, sobald Sie das Geschäft abgeschlossen haben und die Wohnung besitzen, mit der örtlichen Universität über die Möglichkeit sprechen, dass Studenten Ihre Wohnung mieten. Nehmen wir an, Sie verlangen 1000 Dollar pro Monat für die Miete. Wenn das Haus über vier Schlafzimmer verfügt, könnte es problemlos vier Studenten beherbergen, von denen jeder 250 Dollar pro Monat zahlen würde. Das ist ein ziemlich bescheidener Betrag, selbst für die kostenbewusstesten Studenten.

Sie können sich auch einfach an ein örtliches Immobilienbüro wenden, um zu sehen, ob es die Vermietung Ihrer Immobilie übernehmen kann. Gegen eine geringe monatliche Gebühr finden viele Immobilienagenturen nicht nur einen Mieter für Ihre Immobilie, sondern kümmern sich auch um kleinere Instandhaltungsarbeiten, wie zum Beispiel die Reparatur einer verstopften Toilette.

Hier sind weitere gute Nachrichten. Wenn Ihr Mietobjekt Ihnen 1000 Dollar pro Monat einbringt und Ihre Hypothekenzahlung nur 700 Dollar beträgt, dann beträgt Ihr monatlicher Netto-Cashflow 300 Dollar pro Monat. Dieses Nettoeinkommen ist das sogenannte *passive Einkommen*. Das heißt, Sie müssen keine schwere Arbeit verrichten, um es zu verdienen. Jemand anderes, Ihr Mieter, zahlt Ihre 30-jährige Hypothek für Sie ab, und was noch besser ist: Sie verdienen zusätzlich 300 Dollar pro Monat.

Die Philosophie der Immobilieninvestitionen von Rich Dad basiert in erster Linie auf dem Cashflow. Haben Sie am Ende eines jeden Monats einen positiven Cashflow?

Aber es gibt auch die weit verbreitete Ansicht, dass Immobilien im Allgemeinen im Wert steigen. Während Sie jeden Monat ein zusätzliches Einkommen erwirtschaften, zahlen Sie auch jeden Monat Ihre Hypothek ab. Das bedeutet, dass Sie sehr langsam, aber stetig mehr Eigenkapital für Ihr Haus aufbauen. Da Immobilien im Laufe der Zeit an Wert gewinnen können, kann auch Ihre ursprüngliche Investition von 110 000 Dollar in das Haus an Wert gewinnen. Mit anderen Worten: Wenn Sie in 10 Jahren beschließen, das Haus zu verkaufen, könnte der Marktwert des Hauses auf 125 000 Dollar gestiegen sein. Auf dem Papier würden Sie also einen ordentlichen Gewinn von 15 000 Dollar aus dem Verkauf des Hauses sowie alle passiven Einkünfte erzielen, die Sie gesammelt haben.

Aber ein Wort der Warnung von Rich Dad: »Behalten Sie immer Ihren Cashflow im Auge. Betrachten Sie mögliche Wertsteigerungen bei Immobilien als Bonus, nicht als Kaufgrund.«

Nehmen Sie Tipps von denen an, die die Zügel in die Hand genommen haben

Schauen Sie sich die Geschichten von Menschen an, die es satt hatten, von Gehaltseingang zu Gehaltseingang zu leben. Einige finden Sie in dem Buch *Rich Dad's Success Stories*. Diese Menschen waren frustriert und es einfach leid, die Jahre zu zählen, bis sie in Rente gehen und dann theoretisch von ihren 401(k)s leben konnten – vorausgesetzt, dass ihre 401(k) s noch genug Geld enthielten, um ihnen den Ruhestand zu ermöglichen. In dem Buch finden Sie leicht nachvollziehbare Erfahrungsberichte von Menschen – einige sind noch Teenager, andere stehen kurz vor der Pensionierung –, die Rich Dads Rat befolgt und damit begonnen haben, stetige passive Einkommensströme zu entwickeln.

Viele dieser Erfolgsgeschichten beruhen auf Immobilieninvestitionen. Alle Personen in diesem Buch erklären, wie sie ihre Angst überwinden mussten, um den ersten Vertrauensvorschuss zu erhalten und die erste Investitionsimmobilie zu finden. Aber sobald sich ein passives Einkommen entwickelte, kehrten nahezu alle zurück und wiederholten den Prozess – in vielen Fällen immer wieder. Einige dieser Leute sind von einfachen Einfamilienhäusern zu größeren Immobilien übergegangen, und alle von ihnen verweisen auf den Rat von Rich Dad, der ihnen den Weg gewiesen hat.

In einigen der Erfolgsgeschichten haben die Personen beschlossen, in kleine Unternehmen zu investieren, um ihre finanzielle Freiheit zu erlangen. In einem der Kapitel wird eine Frau vorgestellt, die in Waschsalons zu investieren begann. Als sie und ihr Mann feststellten, dass dies eine relativ sichere und einfache Investition war, investierten sie in zwei weitere. Heute geht es ihr und ihrem Mann finanziell recht gut, und sie werden die Ersten sein, die Ihnen sagen, dass es einfach nur darum ging, ein paar finanzielle Hausaufgaben zu machen und ihr Geld für sich arbeiten zu lassen, anstatt selbst dafür zu arbeiten.

Der Punkt ist, dass die meisten Menschen aufgrund des monatlichen Ansturms von Rechnungen, die sie bezahlen müssen, finanziell nicht weiterkommen. Erst wenn sie sich endlich dazu entschließen, etwas an ihrem finanziellen Lebensstil zu ändern, finden sie die Selbstbestimmung, sich nach anderen Möglichkeiten umzusehen, Geld zu verdienen. Und wie Rich Dad sagt: »Wenn Sie aus dem Hamsterrad aussteigen wollen, dann sollten Sie sich mit den verschiedenen Einkommensarten vertraut machen: verdientes Einkommen, Portfolioeinkommen und passives Einkommen.« Ob Sie nun Ihr Kapital in Immobilien, Unternehmen oder andere Arten von Investitionen anlegen: Je eher Sie entdecken, dass es viele einfachere und bessere Möglichkeiten gibt, Geld zu verdienen, als nur einen Job zu haben, desto besser wird es Ihnen und Ihrer Familie gehen.

Lektion Nr. 2: Die Macht der Inspiration

Zurück zu der Geschichte mit dem Gebrauchtwagen. Als ich den Gebrauchtwagen meines Freundes fuhr, war ich deprimiert. Das Sitzen im Auto hat mich nicht inspiriert. Ich hörte keine Engel singen, wie es der Fall war, als ich in meinem Porsche saß. Als mein Freund mit Rauch aus dem Auspuff davonfuhr, wurde mir übel. Wenn ich dagegen mein Garagentor öffne und auf meinen Porsche schaue, dann höre ich noch immer die Engel singen. Ich liebe dieses Auto und ich liebe die Inspiration, die es mir gab, in eine weitere Immobilie zu investieren. Mit anderen Worten: Das Auto hat mich inspiriert, reicher zu werden. Im Auto meines Freundes zu sitzen, hat mich lediglich dazu inspiriert, ein Bad zu nehmen.

Ich glaube, dass unser Schöpfer uns Menschen dabei hilft, schöne Dinge zu schaffen. Wenn ich ein schönes

Gemälde oder ein schönes Haus oder ein schönes Auto sehe, fühle ich mich inspiriert. Ich spüre die Großzügigkeit, die Schönheit und die Fülle Gottes, und das inspiriert mich, hinauszugehen und energischer zu investieren – indem ich mehr *investiere*, nicht indem ich härter *arbeite*. Mir ist aufgefallen, dass Menschen, die sich selbst schlecht behandeln, oft nicht die inspirierendsten Menschen in ihrem Umfeld sind. Ich habe einige enge Freunde, die so geizig sind, dass ich mich in ihrem Haus fühle, als wäre ich im Gebrauchtwagen meines Freundes. Ich liebe meine Freunde sehr, und ich dränge ihnen nicht meine finanziellen Vorstellungen auf. Aber sie arbeiten hart daran, unter ihren Möglichkeiten zu leben, während Kim und ich hart daran arbeiten, unsere Möglichkeiten ständig zu erweitern. Das macht einen großen Unterschied in der Art, wie wir unser Leben leben.

Wie ich schon sagte, sind wir alle verschieden und treffen unterschiedliche Entscheidungen in unserem Leben. Ich erzähle Ihnen nur, wie meine Frau und ich den Luxus des Lebens nutzen, um uns zu inspirieren, reicher zu werden.

Lektion Nr. 3: Mein Banker liebt es, mir Geld zu leihen für Aktiva und Passiva

Meine Behauptung in *Rich Dad Poor Dad*, dass Ihr Haus kein Vermögenswert ist, hat eine Menge Kontroversen ausgelöst. Tatsächlich bekomme ich zu diesem Punkt mehr wütende Post als zu jedem anderen in meinen Büchern. Ich sage oft: »Wenn Ihre Banker sagen, Ihr Haus sei ein Vermögenswert, dann lügen sie

Sie nicht an. Sie sagen nur nicht, wessen Vermögen es wirklich ist. Ihr Haus ist *deren* Vermögenswert.« Ich sage nicht: »Kauft kein Haus.« Ich sage nur: »Nennen Sie eine Verbindlichkeit nicht einen Vermögenswert.« Trotzdem kommt die Hasspost. Ihr Banker wird Ihnen Geld leihen, unabhängig davon, ob Sie eine Anlage oder eine Verbindlichkeit kaufen. Ihr Banker sagt Ihnen nicht, was Sie kaufen sollen. Wenn Sie also ein neues Rennboot kaufen wollen und Ihr Finanzbericht zeigt, dass Sie sich die Raten leisten können, wird Ihr Banker Ihnen das Geld gerne leihen. Wenn Sie ein Haus mit drei Schlafzimmern kaufen wollen, das Sie als Mietwohnung nutzen und das Ihnen Geld einbringt, und Ihr Finanzbericht günstig ist, wird Ihnen der Banker in der Regel ebenfalls das Geld leihen. Und warum? Weil es für den Banker keine Rolle spielt, ob Sie sich Geld für eine Verbindlichkeit oder einen Vermögenswert leihen; *für den Banker ist beides ein Vermögenswert*. Wer sich also zuerst Geld leiht, um Vermögenswerte zu kaufen, hat am Ende mehr Geld, um Verbindlichkeiten zu kaufen. Wer nur Verbindlichkeiten kauft, hat oft kein Geld mehr übrig, um Vermögenswerte zu kaufen. Da es Ihrem Banker eigentlich egal ist, ob Sie Aktiva oder Passiva kaufen, weil beides für die Bank einen Vermögenswert darstellt, sollte es Sie vielleicht interessieren. Je mehr Sie sich darum kümmern, desto glücklicher ist Ihr Banker, denn seine Aufgabe ist es, Ihnen mehr Geld zu leihen, und nicht, Ihnen den Kredit zu verweigern. Banker verdienen kein Geld, wenn Sie sich kein Geld von der Bank leihen. Je reicher Sie also werden, desto glücklicher wird auch Ihr Banker.

Ich liebe meinen Banker, weil er mir Geld leiht, damit ich sowohl Vermögenswerte als auch Verbindlichkeiten kaufen kann.

Lektion Nr. 4: Welchen Vermögenswert liebt Ihr Banker am meisten?
Ein Radiomoderator fragte mich: »In was investieren Sie?« Ich antwortete: »Ich habe in meinen Zwanzigern begonnen, in Immobilien zu investieren, daher besteht der Großteil meiner Investitionen heute aus Immobilien. Ich besitze auch Unternehmen und einige Papierwerte wie Aktien und Anleihen.«

Der Moderator sagte dann: »Ich mag keine Immobilien. Ich möchte keine Toiletten reparieren und spätnachts Anrufe von Mietern erhalten. Deshalb investiere ich auch nicht in Immobilien. Alles, was ich habe, steckt in Aktien oder Investmentfonds.« Dann beendete er das Gespräch, machte eine Werbepause, und ich wurde aus dem Studio geführt.

Eine teure Ansicht

Später an diesem Abend dachte ich über das Interview nach. Ich sagte mir: »Was für eine teure Entscheidung, die dieser Radiomoderator getroffen hat. Er will nicht in Immobilien investieren, weil er keine Lust hat, Toiletten zu reparieren oder spätnachts Anrufe zu erhalten. Ich frage mich, ob er weiß, wie viel ihn diese eine Sichtweise kostet?«

Die vier wichtigsten Anlageklassen, in die eine Person investieren kann, sind:

1) Unternehmen
2) Immobilien
3) Papiervermögen
4) Rohstoffe

Als ich an diesem Abend still dasaß, konnte ich hören, wie mein reicher Vater zu mir sagte: »Welche der vier Anlageklassen liebt mein Banker am meisten?« Die Antwort lautet: Immobilien. Von den vier Anlageklassen ist es sehr schwierig, einen Kredit für die Gründung eines Kleinunternehmens zu erhalten. Man kann zwar einen Kredit für ein kleines Unternehmen bekommen, aber für diese Kredite muss man oft sein übriges Vermögen als Sicherheit verpfänden.

Es ist auch sehr schwierig, Ihren Banker dazu zu bringen, Ihnen Geld für den Kauf von Papierwerten oder Rohstoffen zu leihen, insbesondere für 30 Jahre zu einem niedrigen Zinssatz. Aber Ihr Banker wird Ihnen Geld leihen, um Immobilien zu kaufen.

Vor Jahren sagte unser reicher Vater zu Mike und mir: »Wenn du reich sein willst, musst du deinem Banker geben, was er will. Erstens will dein Banker deine Finanzberichte sehen. Zweitens will er dir Geld leihen, um Immobilien zu kaufen. Wenn du weißt, was dein Banker will, wird es dir leichter fallen, reich zu werden.«

Das Vorurteil des Radiomoderators gegen Immobilien war eine teure Sichtweise, denn er muss seine eigenen nachversteuerten Dollars verwenden, um seine Aktien, Anleihen und Investmentfonds zu kaufen, ohne das Geld seines Bankers als Hebel einsetzen zu können. Er muss das teuerste Geld von allen verwenden, nämlich sein eigenes Geld, das aus seiner eigenen Arbeit stammt, und zwar erst, nachdem der Staat seinen Anteil an Steuern genommen hat.

Nehmen wir zur Veranschaulichung dieses Punktes ein Beispiel mit 10 000 Dollar Investmentkapital. Wenn der Radiomoderator Investmentfonds kauft, kann er nur Aktien im Wert von 10 000 Dollar kaufen. Wenn der Moderator eine Immobilie kaufen würde, könnte er mit denselben 10 000 Dollar und 90 000 Dollar, die er sich von der Bank geliehen hat, eine Immobilie im Wert von 100 000 Dollar kaufen. Wenn die Immobilie einen positiven Cashflow hat, werden die Zahlungen der Mieter alle Ausgaben und die Kosten für die Hypothek der Bank abdecken und außerdem ein gewisses monatliches Einkommen erzielen.

Nehmen wir an, die Märkte sind gut und jeder Vermögenswert steigt in diesem Jahr um 10 Prozent. Die Investmentfonds werden für den Anleger einen Gewinn von 1000 Dollar erzielen. Die Immobilien bringen dem Anleger einen Gewinn von 10 000 Dollar, zuzüglich der monatlichen Einnahmen aus dem Cashflow und den Abschreibungen. Entscheidet sich der Anleger zum Verkauf der Immobilie, fällt in Amerika keine Kapitalertragssteuer an, wenn zum Zeitpunkt des Verkaufs ein Steueraufschub gewährt wird.

Der Investmentfonds verfügt wahrscheinlich über keinen Cashflow, hat keinen Anspruch auf Abschreibungsvorteile und wird mit einem Kapitalertragssteuersatz besteuert, wenn er sich nicht in einem Altersvorsorgeplan befindet. (Befindet er sich in einem Altersvorsorgeplan, wird er bei seiner endgültigen Entnahme mit dem höchsten Steuersatz von allen, dem normalen Einkommensteuersatz, besteuert.)

Damit will ich nicht sagen, dass Papierwerte schlecht sind, ich will lediglich die Kosten einer solchen Ansicht wie »Ich investiere nicht in Immobilien« verdeutlichen. Für mich sind die größten Kosten die persönliche Freiheit. Für Kim und mich ist das Beste an Immobilien das monatliche passive Cashflow-Einkommen, das zu einem niedrigeren Satz besteuert wird als normales Arbeitseinkommen, was uns finanzielle Freiheit ermöglicht. Mit anderen Worten: Immobilien ermöglichen es uns, gute Schulden zu machen, und gute Schulden sind Schulden, die uns schneller reicher machen. Aber die Nutzung von Fremdkapital, dem Geld der Bank, um schneller reich zu werden, hat ihren Preis.

Wenn Sie die Rendite Ihres Kapitals ohne Hebelwirkung betrachten, beträgt Ihre Rendite für 10 000 Dollar 10 Prozent. Wenn Sie jedoch das Geld der Bank verwenden, beträgt Ihre Rendite 100 Prozent. Der Immobilienmarkt müsste nur um 1 Prozent steigen, um die gleiche Rendite zu erzielen wie der Papiermarkt, der um 10 Prozent steigt.

Wenn man die Steuervorteile berücksichtigt, kann der Immobilienmarkt um weniger als 1 Prozent steigen und die gleiche Nettorendite erzielen wie ein Papiermarkt, der um 10 Prozent steigt.

Das sind einige der Gründe, warum Rich Dad sagte: »Gib dem Banker immer, was er will.« Und warum er auch diese Worte der Vorsicht aussprach: »Behandle Schulden immer wie eine geladene Waffe.« Das liegt daran, dass die Hebelwirkung in beide Richtungen gleich stark sein kann. Mit dem Geld der Bank kann man viel mehr Geld verdienen, und mit dem Geld der Bank kann man viel mehr Geld verlieren. Der Preis, den Sie dafür zahlen müssen, ist also eine Investition in Ihre Ausbildung und mehrere Jahre an Erfahrung. Wenn Sie nicht bereit sind, diesen Preis zu zahlen, sollten Sie nicht mit dem Geld anderer Leute arbeiten.

Kapitel 4

Den Preis für Bildung zahlen

In den 1970er-Jahren habe ich einen Kurs für Immobilien-Investitionen besucht, der 385 Dollar kostete. Dieser dreitägige Kurs war eine der besten Investitionen, die ich je getätigt habe. Ich begann langsam mit kleinen Investitionen und investierte weitere fünf Jahre, um mir die nötige Erfahrung anzueignen. Ich möchte weder Toiletten reparieren noch spätnachts Anrufe erhalten – und das tue ich auch nicht. Aber ich mag, was mir meine Investition in Immobilien bringt, und das ist eine Menge guter Schulden und eine Menge Freiheit.

Bei einem Immobilienseminar in Dallas, Texas, bei dem ich als Gastredner auftrat, wurde ich von einem Mann um die 60 Jahre angesprochen. Er hatte mich sagen hören: »Mein reicher Vater brachte mir bei, Immobilieninvestor zu werden, indem er *Monopoly*® spielte, und wir alle kennen die Formel für großen Reichtum aus diesem Spiel: Kaufe vier grüne Häuser und verwandle sie in ein rotes Hotel.«

Dieser Herr kam auf mich zu und fragte: »Soll ich meine Häuser in rote Hotels verwandeln?«

Ich lächelte und fragte: »Wie viele Häuser haben Sie denn?«

Er überlegte einen Moment und sagte dann: »Etwas über 700.«

»Wie bitte?«, war alles, was ich dazu sagen konnte.

Als ich mich setzte, um mehr zu hören, erfuhr ich, dass er Rancher in Westtexas war. In den letzten 40 Jahren hat er jedes Jahr ein paar Häuser gekauft und sie vermietet. Er erlebte die Höhen und Tiefen des Öl- und Viehgeschäfts. In Zeiten der Wirtschaftskrise kaufte er Häuser von Leuten, die in finanziellen Schwierigkeiten steckten, und vermietete sie oft an sie zurück. Als sein Cashflow wuchs, kaufte er immer mehr Häuser, die meisten für weniger als 65 000 Dollar, und verkaufte nie eines. Als wir uns trafen, fand ich heraus, dass er im Durchschnitt 2000 Dollar pro Monat und Haus an positivem Cashflow erwirtschaftete. Ich schnappte nach Luft und sagte: »Sie meinen, Sie haben ein monatliches Einkommen von über 140 000 Dollar? Mehr als 1 Million Dollar pro Jahr nur durch die Vermietung von Immobilien?«

»Ja«, sagte er. »Deshalb wollte ich Sie fragen, ob Sie meinen, dass ich einige meiner grünen Häuser verkaufen und ein paar rote Hotels kaufen sollte. Es kostet viel Zeit, diese kleinen grünen Häuser zu kaufen. Deshalb gefällt mir Ihre Idee, größere Gebäude zu erwerben. Dann muss ich nicht so viele kaufen.«

Ich schüttelte den Kopf, lachte und sagte: »Beim nächsten Seminar, das wir veranstalten, möchte ich, dass Sie der Referent sind, und ich werde der Student sein.« Dann gab ich ihm den Namen und die Nummer meines Finanz- und Steuerberaters und sagte ihm, er solle sie anrufen. Und ich sagte ihm, dass er mich weit übertroffen habe.

Als er sich bei mir für die Telefonnummern bedankte, erinnerte ich mich an die Zeit vor 40 Jahren, als mein reicher Vater mit Mike und mir *Monopoly®* spielte. Ich spielte *Monopoly®* mit kleinen grünen Plastikhäusern, und der Herr von mir spielte das Spiel in echt.

Ich konnte hören, wie der reiche Vater zu Mike und mir sagte: »Mein Banker will mir immer Geld leihen, um mehr Immobilien zu kaufen. Also gebe ich meinem Banker immer, was er will.«

Kapitel 5

Was ist der Preis dafür, schlechte Schulden loszuwerden?

»Was tun Sie, wenn Sie sich in einem Loch befinden? Hören Sie auf zu graben.«

Anonym

Bevor Sie sich auf den Weg in die finanzielle Freiheit machen können, müssen Sie zunächst genau feststellen, wie hoch Ihre Schulden wirklich sind. Dies herauszufinden, ist für viele Menschen wie ein Besuch beim Zahnarzt. Man weiß, dass es gut für einen ist, aber es ist nicht immer angenehm. Manche Menschen haben bereits aufgegeben. Sie wissen, dass sie in einem großen Loch stecken, aber sie wollen sich nicht damit auseinandersetzen.

Aber wenn Sie es ernst meinen mit dem Aufbau eines positiven Geldflusses in Ihrem Leben, müssen Sie mit den Grundlagen der Finanzkompetenz beginnen. Hier ist ein kurzes Quiz, mit dem Sie loslegen können. Setzen Sie eine 1 neben die folgenden Fragen, die Sie mit Ja beantworten würden:

______ Bezahlen Sie Ihre Rechnungen regelmäßig zu spät?

______ Haben Sie jemals eine Rechnung vor Ihrem Ehepartner versteckt?

______ Haben Sie es versäumt, das Auto zu reparieren, weil die Mittel nicht ausreichten?

______ Haben Sie kürzlich etwas gekauft, das Sie nicht brauchten und sich nicht leisten konnten?

______ Geben Sie regelmäßig mehr aus als Ihr Gehalt?

______ Wurde Ihr Kreditantrag abgelehnt?

______ Kaufen Sie Lotterielose in der Hoffnung, Ihren Schulden zu entkommen?

______ Haben Sie es aufgeschoben, Geld für schlechte Zeiten zu sparen?

______ Übersteigt Ihre Gesamtverschuldung (ohne Hypotheken) Ihre Rücklagen für schlechte Zeiten?

Addieren Sie die Zahlen in den Kästchen. ______

- Wenn Ihre Punktzahl 0 ist, ist das großartig! Sie haben bereits die Kontrolle über Ihren Cashflow.
- Wenn Sie im Bereich 1 bis 5 liegen, sollten Sie darüber nachdenken, Ihre uneinbringlichen Forderungen zu reduzieren.
- Wenn Sie zwischen 6 und 9 Punkten liegen, sollten Sie aufpassen! Sie könnten auf eine finanzielle Katastrophe zusteuern.

Rich Dads Notfall-Cashflow-Programm

Wenn Sie wirklich die Kontrolle über Ihren Cashflow erlangen wollen, brauchen Sie drei wichtige Dinge:

1) *einen Finanzbericht, damit Sie wissen, wo Sie finanziell stehen (verwenden Sie den Finanzbericht aus dem Spiel CASHFLOW 101 im Anhang, um Ihren eigenen Finanzbericht zu erstellen),*
2) *persönliche Disziplin3*
3) *einen Spielplan, der Sie an Ihr Ziel bringt.*

Ist es schwierig, seine Gewohnheiten zu ändern? Darauf können Sie wetten. Es hängt von Ihnen ab und davon, wie sehr Sie Ihr finanzielles Leben in die Hand nehmen wollen. Denken Sie daran, dass Sie keinen dieser Schritte tun müssen. Aber wenn Sie sie nicht tun, werden Sie einfach dort bleiben, wo Sie sind, im derzeitigen Laufrad, in dem Sie Ihr Gehalt für Rechnungen ausgeben, die nie aufhören zu kommen – außer natürlich, Sie gewinnen im Lotto. Es ist für mich immer wieder erstaunlich, wie viele Menschen glauben, dass ein Lottogewinn wirklich ein solider Plan ist, um finanziell voranzukommen.

Aber kommen wir zurück zur Realität. Sie müssen Ihre Kreditkarten zwar nicht zerschneiden, aber Sie müssen einen Plan zum Schuldenabbau verfolgen. Die ersten beiden Schritte dabei sind:

- **Bezahlen Sie zuerst sich selbst.**
  Wenn Sie ein Gehalt erhalten, zahlen Sie als Erstes eine Rechnung an sich selbst. Nicht die Autorechnung. Nicht das Geld für die Hypothek oder die Miete. Zahlen Sie sich selbst einen anständigen Betrag, und legen Sie das Geld sofort auf ein separates Sparkonto für Investitionen. Und rühren Sie es nicht an, bis Sie bereit sind, es anderweitig zu investieren.

- **Reduzieren Sie das, was ich »Schnickschnack« nenne.**
  »Schnickschnack« sind die zusätzlichen Dinge im Leben, nach denen wir uns alle sehnen, die wir aber eigentlich nicht brauchen. Das kann ein schickes Auto sein, ein Abendessen in einem teuren Restaurant oder wirklich schicke Kleidung. Was auch immer Ihr »Schnickschnack« ist, hören Sie einfach auf, es schnell entschlossen zu kaufen. Zugegeben, hier kommen Ihre Selbstdisziplin und Willenskraft ins Spiel. Aber wenn Sie wirklich aus den Schulden herauskommen wollen, müssen Sie sich die altmodische Tugend der verzögerten Belohnung zu eigen machen.

Ich werde den Rat von Rich Dad nicht ändern. Während er daran glaubte, dass man seine Mittel erweitern sollte, um sich jeden Lebensstil leisten zu können, den man sich wünscht, gibt es Zeiten, in denen man aufhören und andere Maßnahmen ergreifen muss, um auf den richtigen Weg zu kommen. Erinnern Sie sich an das alte Sprichwort: »Was tust du, wenn du in einem Loch steckst? Aufhören zu graben.«

Vorhin habe ich von Menschen gesprochen, die an der »roten Linie« des Lebens stehen. Sie kommen gerade so über die Runden, von Gehaltseingang zu Gehaltseingang. Die folgende »Übernehmen Sie die Kontrolle über Ihren Cashflow«-Formel aus *Cashflow Quadrant: Rich dad poor dad* und die folgenden Tipps sollen Sie dabei unterstützen, jene drastischen Schritte zu unternehmen, die Ihnen helfen werden, »mit dem Graben aufzuhören« und einen Plan für eine bessere finanzielle Zukunft zu starten.

Was kommt als Nächstes?

Okay, Sie haben beschlossen, sich zu disziplinieren und Ihren Cashflow in den Griff zu bekommen. Hier ist der nächste Schritt:

- **Befolgen Sie die »Übernehmen Sie die Kontrolle über Ihren Cashflow«-Formel aus *Cashflow Quadrant: Rich dad poor dad.***

Übernehmen Sie die Kontrolle über Ihren Cashflow

1) Überprüfen Sie Ihre soeben erstellte Finanzübersicht.
2) Bestimmen Sie, aus welchem Quadranten des CASHFLOW-Quadranten Sie heute Ihr Einkommen beziehen.
3) Bestimmen Sie, aus welchem Quadranten Sie in fünf Jahren den größten Teil Ihres Einkommens beziehen wollen.
4) Beginnen Sie mit Ihrem Cashflow-Management-Plan:

- Bezahlen Sie zuerst sich selbst. Legen Sie einen bestimmten Prozentsatz von jedem Gehalt oder jeder Zahlung, die Sie aus anderen Quellen erhalten, zur Seite. Zahlen Sie dieses Geld auf ein Investment-Sparkonto ein. Sobald Ihr Geld auf dem Konto ist, nehmen Sie es NICHT mehr heraus, bis Sie es investieren wollen. Gratulieren Sie sich selbst. Sie haben gerade damit begonnen, Ihren Cashflow zu verwalten.

- Konzentrieren Sie sich auf den Abbau Ihrer persönlichen Schulden.

Im Folgenden finden Sie einige einfache und leicht umzusetzende Tipps zum Abbau und zur Beseitigung Ihrer persönlichen Schulden:

Tipp Nr. 1: Wenn Sie Kreditkarten mit ausstehenden Restbeträgen haben, sollten Sie nur eine oder zwei Kreditkarten in Ihrer Brieftasche haben.

Bewahren Sie die anderen Karten außer Sichtweite auf, am besten in einem Tresor oder einem Bankschließfach.

Jede neue Belastung, die Sie zu den ein oder zwei Karten hinzufügen, die Sie jetzt haben, muss jeden Monat abbezahlt werden. Machen Sie keine weiteren langfristigen uneinbringlichen Schulden.

Tipp Nr. 2: Nehmen Sie 150 bis 200 Dollar pro Monat zusätzlich in die Hand.

Jetzt, da Sie sich immer besser mit Finanzen auskennen, sollte dies relativ leicht zu bewerkstelligen sein. Wenn Sie nicht in der Lage sind, zusätzliche 150 bis 200 Dollar pro Monat zu verdienen, dann sind Ihre Chancen auf finanzielle Freiheit vielleicht nur ein Wunschtraum.

Tipp Nr. 3: Verwenden Sie die zusätzlichen 150 bis 200 Dollar für Ihre monatliche Zahlung NUR EINER Ihrer Kreditkarten.

Sie zahlen jetzt den Mindestbetrag PLUS die 150 bis 200 Dollar auf dieser einen Kreditkarte.

Zahlen Sie bei allen anderen Kreditkarten nur den fälligen Mindestbetrag. Oft versuchen die Leute, jeden Monat ein wenig mehr für alle ihre Karten zu bezahlen, aber diese Karten werden überraschenderweise nie abbezahlt.

Tipp Nr. 4: Sobald die erste Karte abbezahlt ist, übertragen Sie den Gesamtbetrag, den Sie jeden Monat für diese Karte gezahlt haben, auf Ihre nächste Kreditkarte.

Sie zahlen jetzt den Mindestbetrag für die zweite Karte PLUS den gesamten monatlichen Betrag, den Sie für Ihre erste Kreditkarte gezahlt haben.

Setzen Sie diesen Prozess mit all Ihren Kreditkarten und anderen Verbraucherkrediten fort. Addieren Sie bei jeder abbezahlten Schuld den vollen Betrag, den Sie für die abbezahlte

Schuld bezahlt haben, zur Mindestzahlung für die nächste Schuld hinzu. Während Sie jede Schuld abbezahlen, erhöht sich der monatliche Betrag, den Sie für die nächste Schuld zahlen.

Tipp Nr. 5: Sobald alle Ihre Kreditkartenschulden und sonstigen Schulden getilgt sind, setzen Sie das Verfahren mit den Zahlungen für Ihr Auto und Ihr Haus fort.

Wenn Sie dieses Verfahren befolgen, werden Sie erstaunt sein, wie schnell Sie schuldenfrei werden. Die meisten Menschen können innerhalb von fünf bis sieben Jahren schuldenfrei sein.

Tipp Nr. 6: Jetzt, wo Sie völlig schuldenfrei sind, nehmen Sie die monatlichen Betrag, den Sie für Ihre letzte Schuld gezahlt haben, und verwenden Sie dieses Geld für Investitionen.

Bauen Sie Ihre Vermögenssäule auf.

So einfach ist das.

Andere Tipps, die Ihnen helfen, die Kontrolle zu behalten

- Beginnen Sie, alle Ihre Rechnungen pünktlich zu bezahlen, um Säumnisgebühren zu vermeiden.

- Suchen Sie eine Kreditkarte mit einem niedrigeren Zinssatz und ohne Jahres- oder Überweisungsgebühren. Dann sollten Sie in Erwägung ziehen, Ihre anderen Kreditkartenschulden mit dieser einen Karte zusammenzulegen. So zahlen Sie weniger Zinsen und Gebühren.

- Hören Sie auf, Geldautomaten zu benutzen, die eine Gebühr verlangen. Das ist so, als würde man dafür bezahlen, sein eigenes Geld zu nutzen!

Vielleicht müssen Sie Ihre Ausgabengewohnheiten in den Griff bekommen

- Gewöhnen Sie sich an, bar zu bezahlen. Verwenden Sie eine Kreditkarte nur für Notfälle.

- Lernen Sie, nicht mehr schnell entschlossen zu kaufen. Nutzen Sie Ihre Willenskraft, um nein zu sagen!

- Kaufen Sie im Discounter und in Discount-Kaufhäusern ein.

- Respektieren Sie Ihr Budget! Wenn Sie das Lebensmittel-Limit von 200 Dollar erreicht haben, lassen Sie Kartoffelchips und Eiscreme weg.

- Kaufen Sie Generika oder suchen Sie eine Discount-Apotheke.

- Suchen Sie nach einer Teilzeitbeschäftigung oder einer anderen Möglichkeit, ein wenig mehr Geld zu verdienen.

- Drehen Sie Ihr Thermostat herunter. Schalten Sie ein paar Lichter aus, um Strom zu sparen.

- Lernen Sie, wie Sie Ihr Haus von oben bis unten winterfest machen können. Isolieren Sie Rohre. Beseitigen Sie zugige Fenster und Bereiche, in denen Sie Energie verlieren.

- Reduzieren Sie die Nutzung von Telefon und Handy zu Hause. Viele Menschen übersehen, dass sie so Geld sparen können.

- Überprüfen Sie Ihre Versicherungspolicen. Schauen Sie, ob Sie vergleichbare Policen günstiger finden können. Erhöhen Sie Ihren Selbstbehalt, um Ihre monatlichen Rechnungen zu senken.

Kurz gesagt, machen Sie es sich zur Gewohnheit, darauf zu achten, wie Sie einen Dollar hier und einen Dollar dort ausgeben. Geben Sie sich eine Woche Zeit und prüfen Sie einfach, wie viel Sie sparen können, wenn Sie kein teures Shampoo kaufen oder nicht essen gehen. Sagen wir, Sie sparen 30 oder 40 Dollar pro Woche. In einem Monat macht das mehr als 100 Dollar aus. Im Laufe eines Jahres sparen Sie 1200 Dollar oder mehr – und das ist ein nettes Sümmchen, das Sie in die Abzahlung Ihrer Kreditkarten stecken können.

Ihr Ziel sollte es sein, so schnell wie möglich aus den Schulden herauszukommen, damit Sie anfangen können, in eine bessere Zukunft zu blicken und wie die Reichen zu denken. Dann können Sie damit beginnen, Vermögenswerte zu kaufen oder aufzubauen, die ein passives Einkommen generieren, mit dem Sie Ihre Telefonrechnungen, Stromrechnungen, Versicherungspolicen und vieles mehr bezahlen können. Das ist die Rich-Dad-Philosophie, die darauf abzielt, Ihre Mittel zu erweitern, um den Lebensstil zu leben, den Sie wählen.

Gesicherte vs. ungesicherte Schulden

Es gibt zwei Arten von Schulden. *Gesicherte* Schulden sind Schulden, die durch Sicherheiten gedeckt sind. Typische Beispiele sind eine Hypothek auf ein Haus oder ein Autokredit. *Ungesicherte* Schulden sind Schulden ohne jegliche Sicherheiten. Dazu gehören normalerweise Kreditkartenrechnungen, Privatkredite und Arztrechnungen.

Die allerersten Schulden, die Sie loswerden sollten, sind die ungesicherten Schulden. Im Rich-Dad-System sind ungesicherte Schulden definitiv das, was wir als schlechte Schulden bezeichnen, und je schneller Sie sie beseitigen können, desto besser haben Sie Ihre Finanzen im Griff. Das bedeutet, dass Sie Ihre Kreditkarten so schnell wie möglich abbezahlen sollten, zusammen mit allen anderen ausstehenden Schulden, die Sie haben.

Betrachten wir einen Moment lang die Kreditkarten. Keine Frage, sie sind eine wunderbar komfortable Sache. Und es gibt wirklich keinen Grund, sie abzuschaffen, solange man sich darüber im Klaren ist, dass sie zu echten finanziellen Problemen führen können. Bei vielen Kreditkarten wird zum Beispiel eine Jahresgebühr erhoben, nur damit man die Karte besitzt. Zusätzlich zu dieser Jahresgebühr wird natürlich auch noch ein effektiver Jahreszins auf alle Schulden berechnet.

Schauen Sie sich Ihre Kreditkarten an. Einige verlangen sehr hohe Gebühren. Sie werden ein Vermögen ausgeben, wenn Sie versuchen, Ihre Kreditkartenschulden zu tilgen, indem Sie nur die monatliche Mindestrate zahlen. Machen Sie es sich zur Gewohnheit, neue Einkäufe mit Ihrer Kreditkarte jeden Monat direkt abzurechnen.

Konzentrieren wir uns darauf, faule Kredite loszuwerden

Hier ist die konkrete Methode, die ich vorschlage, um die Kontrolle über Ihren monatlichen Cashflow wiederzuerlangen:

1) Nehmen Sie alle Ihre Kreditkarten aus Ihrer Brieftasche oder Ihrem Portemonnaie. Überprüfen Sie anhand der »Übernehmen Sie die Kontrolle über Ihren Cashflow«-Formel die verschiedenen ausstehenden Beträge auf jeder Karte.
2) Nehmen Sie die Karten mit dem geringsten Forderungsausfall und bezahlen Sie diese zuerst vollständig.
3) Sobald Sie diese Karten abbezahlt haben, legen Sie sie außer Sichtweite.
4) Oder, wenn Sie nicht die Disziplin haben, neue Schulden mit Ihren Karten zu stoppen, rufen Sie die Kreditkartenfirma an und kündigen Sie sie.
5) Machen Sie das Gleiche mit den übrigen Karten. Bauen Sie die uneinbringlichen Forderungen so lange ab, bis sie verschwunden sind.

Bitte bedenken Sie, dass dies ein Prozess ist, der in den meisten Fällen nicht in nur einem oder zwei Monaten zu bewältigen ist. Je nachdem, wie viel Geld Sie haben, kann der Abbau Ihrer Kreditkartenschulden mehrere Monate oder sogar Jahre dauern. Aber tun Sie es, denn es ist ein wunderbares Gefühl, wenn Sie nicht länger ein Sklave der monatlichen Rechnungen sind.

Sobald Sie Ihre Kreditkarten im Griff haben, können Sie das zusätzliche Geld nehmen und damit beginnen, die Hypothek auf Ihr Haus zu tilgen. Die meisten Hausbesitzer haben die Möglichkeit, ihre Hypothek vorzeitig zu tilgen. In vielen Fällen ist es für Hausbesitzer sinnvoll, Tausende von Dollar zu sparen, indem sie ihre Hypothek jeden Monat mit einem höheren Betrag als geplant abbezahlen. Selbst wenn Sie nur 50 Dollar pro Monat zusätzlich auf Ihre Tilgungsrate aufschlagen, können Sie Ihre Hypothek um Jahre und Tausende von Dollar reduzieren. (Achten Sie darauf, dass Sie dem Kreditgeber mitteilen, dass das zusätzliche Geld auf die *Tilgungsrate* Ihrer Hypothek angerechnet werden soll.)

Die beste Nachricht ist, dass diejenigen, die die Willenskraft haben, diese einfachen Maßnahmen zu befolgen, innerhalb weniger Jahre finanziell solide und frei von großen Schulden sein werden. Das mag für Sie in Ihrer derzeitigen finanziellen Situation unmöglich klingen, aber vertrauen Sie mir – diese Maßnahmen werden auch bei Ihnen funktionieren.

Kapitel 6

Was ist der Preis der Veränderung?

»Wahnsinn ist, immer wieder das Gleiche zu tun und andere Ergebnisse zu erwarten.«

Anonym

Wenn ich über gute Schulden und schlechte Schulden spreche, höre ich oft Fragen wie die folgenden:

- Was ist, wenn der Markt zusammenbricht?
- Was ist, wenn ich einen Fehler mache?
- Was ist, wenn ich die Schulden nicht begleichen kann?
- Was ist, wenn ich kein Interesse an Immobilien habe?
- Wie kann ich es mir leisten, eine Immobilie zu kaufen, wenn die Preise dort, wo ich wohne, so hoch sind?
- Ist nicht jede Verschuldung riskant?
- Ist es nicht besser, schuldenfrei zu sein?

Dies sind alles berechtigte Fragen, die auf realen Bedenken beruhen und nicht auf die leichte Schulter genommen werden sollten. Ich habe einen bekannten Investor sagen hören: »Behandeln Sie alle Investitionen als Fehlinvestitionen.«

Vielleicht fällt Ihnen aber auch auf, was der bekannte Investor *nicht* gesagt hat: »Ihre Bedenken sind berechtigt, also tun Sie nichts.« Dennoch lähmen diese Ängste Millionen von Menschen und veranlassen sie, nichts zu tun. Es ist die Angst vor dem Unbekannten, die die Menschen häufig dazu bringt, sich nicht zu verändern.

Schauen Sie sich noch einmal die Statistiken aus der Regierungsstudie an.

Im Alter von 65 Jahren sind:

1 %	reich
4 %	wohlhabend
5 %	noch am Arbeiteten, weil sie es müssen
54 %	von familiärer oder staatlicher Unterstützung abhängig
36 %	tot

Mir ist klar, dass einer der Gründe dafür, dass nur einer von 100 Menschen großen Reichtum erlangt, darin liegt, dass die meisten Menschen nicht in der Lage waren, sich zu verändern, wenn sie sich hätten verändern müssen. Sie haben immer wieder das Gleiche getan.

Ich bin sicher, dass viele etwas verändern wollten, aber von Ängsten und Zweifeln gelähmt waren, wie zum Beispiel »Was ist, wenn der Markt zusammenbricht?« oder »Was, wenn ich einen Fehler mache?« oder »Was, wenn ich die Schulden nicht zurückzahlen kann?«. Mit anderen Worten: Viele Menschen können sich nicht verändern, weil sie Gefangene ihrer eigenen Zweifel und Ängste sind. Ihre Zweifel und Ängste zwingen sie dazu, immer wieder die gleichen alten Dinge zu tun, in der Hoffnung, ein anderes Ergebnis zu erzielen, was die gängige Definition von Wahnsinn ist.

Das andere Newtonsche Gesetz

Rich Dad sagte oft: »Für Menschen, die Angst haben, Fehler zu machen, ist es oft einfacher, nichts zu tun oder immer wieder dasselbe zu tun.« Ein weiteres universelles Gesetz von Sir Isaac Newton, das Gesetz der Trägheit, besagt: »Ein ruhender Körper bleibt in Ruhe. Und ein Körper, der sich bewegt, bleibt in Bewegung.« Mit anderen Worten: Einem Menschen fällt es oft leichter, bei der gleichen Sache zu bleiben, denn ein Körper in Bewegung bleibt einfach in Bewegung, indem er das Gleiche tut. Und der Mensch empfindet es schwierig, sich zu verändern, weil es oft schwierig ist, etwas Neues zu beginnen, denn ein Körper in Ruhe bleibt in Ruhe.

Der Preis dafür, reich zu werden, besteht also oft darin, dass man etwas ganz anderes macht – bei null anfängt, einen neuen Ball ins Rollen bringt, ein paar Fehler macht und schließlich in etwas Neuem geschickt wird. Das klingt einfach, und es ist einfach. Aber der Grund, warum die meisten Menschen etwas Einfaches, das sie reich machen könnte, nicht tun, ist in diesem Newtonschen Gesetz zu finden.

Ändern Sie mehr als nur Ihren Job

In meinem zweiten Buch, *Cashflow Quadrant: Rich dad poor dad*, habe ich über die vier verschiedenen Typen von Menschen geschrieben, die in der Welt des Geldes und der

Wirtschaft zu finden sind. Das Diagramm unten ist der CASHFLOW-Quadrant.

Die vier Buchstaben stehen für: Angestellter (**E**mployee), Selbstständiger (**S**elf-employed) oder Inhaber eines kleinen Unternehmens (Small business owner), Inhaber eines großen Unternehmens (**B**ig business owner) und Investor (**I**nvestor). Das Buch befasst sich mit den grundlegenden Unterschieden zwischen den vier Personen in den jeweiligen Quadranten, und mit den Veränderungen, die die Menschen vornehmen müssen, wenn sie den Quadranten wechseln wollen. Ich erwähne den CASHFLOW-Quadranten deshalb, weil viele Menschen sich zwar verändern wollen, aber in ihrem Quadranten gefangen sind. Zum Beispiel verlassen viele Menschen die Schule, bekommen einen Job und bleiben im Quadranten E, bis sie in Rente gehen, obwohl sie sich vielleicht danach sehnen, auszubrechen und etwas anderes zu tun, wie zum Beispiel zu investieren oder ihr eigenes Unternehmen zu gründen.

Viele Menschen bleiben, selbst wenn sie eine Veränderung vornehmen, oft in dem Quadranten, in dem sie sich befinden. Viele Menschen verändern sich zum Beispiel nur innerhalb des E-Quadranten, weshalb sie auf der Suche nach mehr Gehalt oder Glück von Job zu Job ziehen. Der Grund, warum so wenige Menschen aus dem E-Quadranten heraus wohlhabend werden, ist, dass die Steuergesetze in diesem Quadranten am härtesten sind.

Wenn eine Person von einem Quadranten in einen anderen wechselt, ist der beliebteste Wechsel der vom E-Quadranten zum S-Quadranten. Eine Person, die diesen Wechsel vornimmt, sagt oft: »Ich möchte mein eigenes Ding machen« oder »Ich möchte mein eigener Chef sein«. In diesem Quadranten ist es ebenfalls schwierig, wohlhabend zu werden, denn wenn die Person aufhört zu arbeiten, gibt es auch kein Einkommen mehr. Auch die Steuergesetze sind für Selbstständige sehr hart.

In den Quadranten B und I ist es am einfachsten, großen Reichtum zu erreichen, aber sie stellen auch unterschiedliche persönliche Herausforderungen dar.

Wenn Sie weitere Unterscheidungen oder Informationen über die vier verschiedenen Quadranten und die notwendigen Veränderungen wünschen, sollten Sie *Cashflow Quadrant: Rich dad poor dad* lesen.

Ich rate Ihnen, Ihren Tagesjob zu behalten und sich mindestens fünf Jahre Zeit zu lassen, um etwas Neues in einem neuen Quadranten zu beginnen.

Verbessern Sie Ihre Chancen, reich zu werden, ändern Sie den Quadranten

Der Grund, warum so viele Menschen Lotto spielen oder an Spielshows teilnehmen, in der Hoffnung, reich zu werden, ist, dass die meisten Menschen entweder dem E- oder im

S-Quadranten angehören. Die meisten Menschen, die zu großem Reichtum kommen, befinden sich hauptsächlich in den Quadranten B und I. Eine der Möglichkeiten, wie eine Person ihre Chancen, reich zu werden, verbessern kann, besteht darin, den Quadranten zu wechseln. Es gibt keine Garantien, aber zumindest verbessern sich Ihre Chancen erheblich, wenn Sie aus dem B- oder I-Quadranten heraus agieren.

Es wird geschätzt, dass weniger als 1 Prozent der Menschen, die großen Reichtum erlangen, entweder aus dem E- oder dem S-Quadranten kommen. Mit anderen Worten: Wenn es Ihnen ernst damit ist, in möglichst kurzer Zeit reich zu werden, müssen Sie vielleicht einen Wechsel der Quadranten vornehmen. Ich weiß, dass meine persönlichen Chancen, großen Reichtum zu erlangen, im E- oder S-Quadranten gering bis nicht vorhanden gewesen wären. Ich wusste, dass meine Chancen in den Quadranten B und I am besten waren, und dort habe ich meine Millionen gemacht.

Wenn ich Menschen frage: »Wer will *wirklich* reich sein?«, frage ich auch, ob sie bereit sind, den Quadranten zu wechseln. Einige sind es. Die meisten sind es nicht. Und warum? Die Antwort liegt wieder in dem Wort »Veränderung«. Für viele Menschen ist die Veränderung, die erforderlich ist, um von den Quadranten E und S auf der linken Seite zu den Quadranten B und I auf der rechten Seite zu wechseln, ein zu hoher Preis – ein Preis, den die meisten nicht zu zahlen bereit sind.

Wer dazu nicht bereit ist, sollte sich andere Wege suchen, um reich zu werden, zum Beispiel:

- geizig sein und auf seine Kreditkarten zu verzichten,
- jemanden wegen seines Geldes heiraten oder
- ein Gauner sein.

Aber für diejenigen, die bereit sind, den Wechsel zu erwägen, biete ich das folgende Diagramm als hilfreichen Leitfaden, um mutig zu sein – denn das ist es, was es oft braucht: ein sehr mutiges Herz.

Die Lernpyramide

Ich habe das folgende Diagramm entwickelt, um zu erklären, warum einfaches Buchwissen oder Schulwissen nicht ausreicht, um finanziell erfolgreich zu sein. Ich werde es als Leitfaden verwenden, um zu erklären, welche Veränderungen eine Person vornehmen muss, um finanziell reicher zu werden. Ich nenne dieses Modell *die Lernpyramide.*

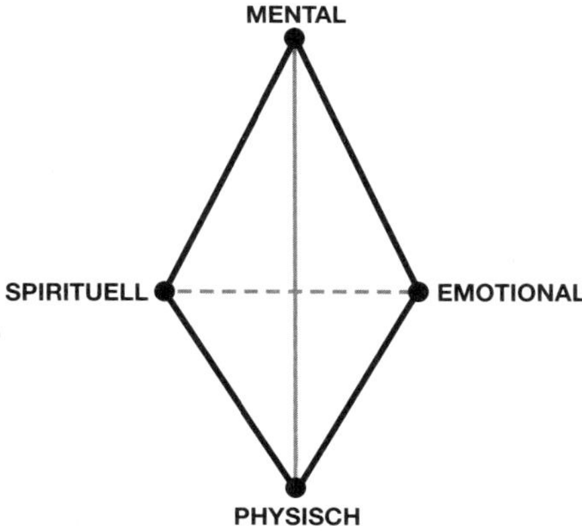

Wenn Sie mein drittes Buch, *Rich Dad's Investmentguide: Wo und wie die Reichen wirklich investieren,* gelesen haben, erkennen Sie diese Struktur vielleicht als Tetraeder, also ein Gebilde mit vier Seiten und vier Spitzen. Manche Leute nennen es eine Pyramide. Einer meiner Lehrer, Dr. R. Buckminster Fuller, sagte, das Tetraeder sei eine der stabilsten Strukturen im Universum, was erklären würde, warum die Pyramiden in Ägypten so lange überdauert haben. Unabhängig davon ist dieses Tetraeder nützlich, um den Preis für die notwendigen Veränderungen zu erklären, die nötig sind, um reich zu werden – oder um überhaupt etwas verändern zu können. Es erklärt auch, warum es für viele Menschen so schwierig ist, die notwendigen Veränderungen vorzunehmen.

Eines meiner Lieblingszitate von Albert Einstein lautet: »Große Geister sind oft auf heftigen Widerstand von mittelmäßigen Köpfen gestoßen.« Ich verwende diese Aussage nicht, um diejenigen zu verurteilen, die mit meinen Ideen nicht einverstanden sind, sondern um mich daran zu erinnern, dass ich sowohl einen großen Geist als auch einen mittelmäßigen Verstand habe.

Um zu erklären, wie die Lernpyramide funktioniert, möchte ich folgendes Beispiel anführen. Nehmen wir an, eine Person liest ein Buch und das Buch sagt, sie solle losziehen und Immobilien kaufen oder gute Schulden machen. Im Kopf entsteht die Idee: »Geh und investiere in Immobilien, nimm gute Schulden auf und werde reich«, was nicht schwer ist, aber die meisten Menschen tun es nicht. Sie denken vielleicht im Geiste darüber nach, aber sie tun nichts in der Praxis. Und warum? Weil sie gefühlsmäßig ein Problem haben. Das Problem entsteht, wenn Emotionen ihre rationalen Gedanken überwältigen. Wenn emotionale Gedanken durch neue mentale Ideen provoziert werden, beginnen wir, die oben genannten Fragen zu hören, Fragen wie:

- Was ist, wenn der Markt zusammenbricht?
- Was ist, wenn ich einen Fehler mache?

Dies sind Beispiele dafür, dass das Gefühl der Angst aufsteigt, um die neue Idee herauszufordern, selbst eine einfache Idee wie: »Geh und kauf eine Immobilie, mach ein paar gute Schulden und werde reich.« Wenn die Emotion stärker ist als der *mentale* Gedanke, dann ist das *physische* Ergebnis oft überhaupt keine Aktion. Eine Person kann in die sogenannte »Analyseparalyse« verfallen und stundenlang nichts anderes tun, als innerlich mit ihren Gedanken und Gefühlen zu streiten. Oder die Person tut, was der Radiomoderator während meines Interviews getan hat – sie verwirft die gesamte Idee, in Immobilien zu investieren. Vielleicht erinnern Sie sich an die Aussage des Radiomoderators: »Ich möchte keine Toiletten reparieren und spätnachts Anrufe von Mietern erhalten.«

Dies ist ein weiteres Beispiel dafür, dass emotionales Denken eine neue geistige Idee überwältigt. Der Radiomoderator gab der neuen Idee nie eine Chance und verschloss sich damit der Möglichkeit, großen Reichtum und finanzielle Freiheit zu erreichen. Darüber hinaus sagte er gegen Ende des Interviews: »Ich dachte, Sie würden uns sagen, wie man reich wird.« Ich antwortete: »Das habe ich. Ich habe Ihnen gesagt, dass viele Menschen reich und finanziell frei werden, indem sie viele gute Schulden haben. Aber ihr denkt nur an Toiletten.« Es erübrigt sich zu sagen, dass ich nicht wieder in seine Sendung eingeladen worden bin.

Die Macht der Ideen

Der Radiomoderator war nicht der Einzige, der Ideen, die sein Leben verändern könnten, verdrängt hat. Ich tue das auch. Wir alle tun das. Wir alle tun Dinge, die uns erfolgreich machen, und wir alle tun Dinge, die uns erfolglos bleiben lassen.

Wie können wir uns also ändern, wenn wir wissen, dass wir uns ändern müssen?

Mein reicher Vater sagte: »Einer der Hauptgründe, warum die meisten Menschen nicht zu großem Reichtum und finanzieller Freiheit gelangen, ist einfach der, dass *sie Angst haben, Fehler zu machen.*« Er fuhr fort: »Der Grund, warum so viele kluge und gut ausgebildete Menschen keinen großen Reichtum erlangen, ist, dass ihnen in der Schule beigebracht wurde, dass Fehler schlecht sind. In der realen Welt gewinnt derjenige, der die meisten Fehler macht und aus ihnen lernt – ohne zu lügen, zu betrügen, zu leugnen oder zu beschuldigen.«

Wenn man sich also das Diagramm der Lernpyramide ansieht, ist ein wichtiger Grund dafür, dass Menschen nicht reich werden, obwohl sie es geistig wollen, der, dass sie gefühlsmäßig gelernt haben, einen Fehler zu fürchten. Rich Dad sagte oft: »Es ist die Angst zu versagen, die die meisten Menschen zum Scheitern bringt.« Die Angst zu versagen ist eine emotionale Vorstellung, die sich ändern muss, weil diese emotionale Vorstellung oft mehr Macht hat als die rationale Vorstellung. Das ist der Grund, warum so wenige Menschen reich werden.

Was in der Schule funktioniert hat, funktioniert im wirklichen Leben vielleicht nicht

Als mein reicher Vater vor Jahren zu mir sagte: »Mein Banker hat mich noch nie nach meinem Zeugnis gefragt«, war eine der wichtigsten Lektionen, die ich gelernt habe, dass das, was in der Schule funktioniert hat, im wirklichen Leben nicht funktionieren muss. Wenn ich Menschen treffe, die sich in finanziellen Schwierigkeiten befinden, stelle ich oft fest, dass sie dies einfach deshalb tun, weil sie sich nicht von alten Vorstellungen aus Familie, Freundeskreis und Schule lösen können. Mit anderen Worten: Sie folgen Ideen, von denen sie vielleicht nicht einmal wissen, dass sie sie befolgen – Ideen wie »mach keine Fehler« oder »such dir einen sicheren Job« oder »arbeite hart, spare Geld und mach keine Schulden«. Dies sind gute Ideen für Menschen, denen Sicherheit wichtiger ist als finanzielle Freiheit. Aber es sind schlechte Ideen, wenn Sie jemand sind, der so schnell wie möglich reich werden will. Der Preis dafür, reich zu werden, ist also für viele Menschen der Preis, ihre alten Vorstellungen zu überprüfen und herauszufinden, welche Vorstellungen geändert werden müssen. Aber bedenken Sie, wenn sich eine geistige Vorstellung ändert, erfordert dies oft auch eine emotionale, körperliche und geistige Veränderung.

Was im Krieg funktioniert hat, funktioniert vielleicht nicht im Frieden

Für mich war die Angst zu versagen nicht so groß wie für viele andere. Mit 15 Jahren in der Schule durchzufallen, weil ich nicht schreiben konnte, war eines der besten Dinge, die mir passiert sind. Heute verdiene ich als Schriftsteller mehr Geld als die meisten der Schüler, die in Englisch eine Eins hatten. Aus diesem Misserfolg habe ich auch gelernt, dass mein wahres Zeugnis mein Finanzbericht ist. Ich wusste also, dass Scheitern eine gute Sache ist, wenn ich aus den Fehlern oder dem Versagen lerne. Ich erkannte, dass ich mir einen großen Vorteil verschaffen konnte, wenn ich bereit war, mehr Fehler zu machen als Leute, die akademisch klüger sind als ich. Das Problem war, dass ich zwar viel aus Fehlern lernte, dass aber meine impulsive Risikobereitschaft und meine furchtlose Einstellung zum Scheitern auch meine Lernmöglichkeiten einschränkten.

Einer der Gründe, warum ich mich freiwillig zum Kampf in Vietnam meldete, waren die emotionalen und körperlichen Herausforderungen, die ein Kriegseinsatz mit sich bringt. Während die meisten Leute sagten: »Ich will nicht in den Krieg ziehen« oder »Ich bin gegen den Krieg«, beschloss ich, dass es das Beste war zu gehen. Also meldete ich mich freiwillig, obwohl ich von der Wehrpflicht befreit war. Die gute Nachricht war, dass das Marine Corps junge Männer und Frauen hervorragend darin ausbildete, ihre emotionalen und körperlichen Zweifel und Einschränkungen zu überwinden. Wir wurden rigoros darauf trainiert, mit kühlem Kopf zu agieren, auch wenn wir emotional verängstigt und körperlich herausgefordert waren. Wir wurden darauf trainiert, die Arbeit zu erledigen und den Auftrag zu erfüllen, auch wenn es uns das eigene Leben kosten konnte. Dieses mentale, emotionale, körperliche und geistige Training hat mich in Vietnam am Leben erhalten.

Die schlechte Nachricht war, dass mich diese Ausbildung nahezu umbrachte, als ich aus dem Krieg zurückkam. Seit dem Ende des Krieges habe ich mehr als 25 Jahre damit verbracht zu *verlernen*, was ich in der Vorbereitung auf den Krieg *gelernt hatte*.

Um im Krieg zu überleben, wurden wir darauf trainiert, in Sekundenbruchteilen zu kämpfen. Wir mussten oft schießen, bevor wir denken konnten, uns ohne Rücksicht auf unser eigenes Leben in schreckliche Situationen begeben und schreckliche Dinge tun, obwohl wir sie nicht tun wollten. Mit anderen Worten, wir mussten körperlich Dinge tun, die wir vielleicht nicht tun wollten, und wir durften nicht zulassen, dass unsere Gedanken und Emotionen unsere Arbeit behinderten.

Als ich aus dem Krieg zurückkehrte, stellte ich fest, dass meine Fähigkeit, meine Angst zu überwinden, und meine Bereitschaft zu kämpfen mich zurückhielten.

In Friedenszeiten gibt es keine Notwendigkeit für das Verhalten eines Kriegers. Mir wurde bald klar, dass es einen großen Unterschied zwischen einem Marinesoldaten im Krieg und einem Marinesoldaten in Friedenszeiten gibt. Generäle im Militär werden diejenigen, die sowohl im Frieden als auch im Krieg gut sein können. In Friedenszeiten musste ich lernen, mehr wie ein Politiker oder ein Diplomat zu denken und zu handeln, selbst im Marine Corps. Ich musste lernen, geduldiger zu sein, mehr nachzudenken, bevor ich handelte, freundlicher zu sein, weniger unverblümt und weniger bereit, sofort zu kämpfen. Das sind Lektionen, die ich immer noch mühsam lernen muss. Mir ist klar, dass ich heute viel erfolgreicher wäre – finanziell, gesellschaftlich und beruflich –, wenn ich diese Veränderungen schneller vorgenommen hätte, aber ich war nicht in der Lage dazu. Wie ich schon sagte, habe ich 25 Jahre lang gelernt zu kämpfen, und dann musste ich noch einmal 25 Jahre lang lernen, *nicht zu* kämpfen.

Die gute Nachricht für mich ist, dass meine Fähigkeit, meine Angst vor dem Scheitern zu überwinden, mich zu einem guten Unternehmer und Investor gemacht hat. Aber dieselben Fähigkeiten wurden auch zu einem Hindernis für mein Wachstum und meinen Erfolg. Wie ich bereits schrieb, besagt eines der Newtonschen Gesetze: »Auf jede Aktion folgt eine gleich große und entgegengesetzte Reaktion.« Ich musste ernsthafte persönliche Veränderungen vornehmen, wenn ich meinen Erfolg ausbauen wollte. Meine Bereitschaft zu kämpfen führte dazu, dass ich zwar kleine Schlachten gewann, aber den Krieg verlor. Ich erkannte bald, dass mein Erfolg begrenzt sein würde, wenn ich diese Veränderungen nicht vornahm – genauso begrenzt wie bei jemandem, der Angst hat, Fehler zu machen. Um zu wachsen, musste ich mich verändern.

Jede Münze hat zwei Seiten, und jeder Glücksspieler muss auch ein Banker sein. In meinem Leben habe ich 25 Jahre lang meine kriegerische Seite entwickelt.

Seitdem habe ich meine diplomatische Seite entwickelt. Dadurch, dass ich beide Seiten habe, ist mein Erfolg gewachsen. Wenn ich nur eine Seite der Medaille hätte, wäre ich nicht so erfolgreich.

Ich bin sicher, dass mein Erfolg sehr begrenzt gewesen wäre. Mit anderen Worten: Meine Stärken waren zu meinen Schwächen geworden. Um ganz und vollständig zu sein, musste ich meine Schwächen in Stärken umwandeln.

Im Leben geht es um Veränderung

Wenn man mich fragt: »In was soll ich investieren?« oder »Was würden Sie mir raten?« oder »Würden Sie mir die richtige Antwort geben?«, zögere ich und halte mich diplomatisch mit der Antwort zurück. Der Grund, warum ich nicht gerne Antworten gebe, ist, dass richtige Antworten nur in der Schule und in Spielshows funktionieren. Im wirklichen Leben hat jeder von uns bestimmte Stärken, Genialität und Fähigkeiten. Wir haben aber auch Schwächen, und wie Sie vielleicht schon bemerkt haben, sind unsere Stärken oft auch unsere Schwächen.

Für mich geht es im Leben um Veränderung. Wenn Sie sich heute nicht verändern, sind Sie vielleicht in ernsten Schwierigkeiten, denn die Welt verändert sich schneller als je zuvor. Die Menschen, die am meisten Probleme haben, sind diejenigen, die an alten richtigen Antworten und alten Zeugnissen festhalten. Mit der zunehmenden Verbreitung des Internets wird die Kluft zwischen den Besitzenden und den Nichtbesitzenden nur noch größer werden. Heute gibt es Kinder, die noch nicht einmal die Highschool abgeschlossen haben und im Internet Millionen von Dollar verdienen. Sie haben noch nie einen Job gehabt und müssen sich vielleicht auch nie einen suchen.

Die Idee der Arbeit ist eine Idee, die aus dem Industriezeitalter stammt.

Jeder, der an den alten Regeln des Industriezeitalters festhält, wird finanziell hinter denjenigen zurückbleiben, die sich an die neuen Regeln des Informationszeitalters anpassen – und glauben Sie mir, die Regeln sind anders. Wenn Sie sich an die Vorstellung von Arbeitsplatzsicherheit, automatischen Gehaltserhöhungen und Betriebszugehörigkeit klammern, dann klammern Sie sich an Regeln, die im Industriezeitalter geschaffen wurden. Die gute Nachricht ist, dass es noch nie so viele Möglichkeiten gegeben hat, enormen Reichtum zu erlangen. Aber um diesen Reichtum zu erlangen, müssen Sie sich möglicherweise verändern.

Die Macht Ihres Geistes

Die Ungewissheit des Wandels, der Veränderung ist oft beängstigend. Ich habe genauso viel Angst vor dem Unbekannten wie jeder andere auch. Ich habe dieselben Selbstzweifel wie jeder andere auch. Ich hasse es, falsch zu liegen und Fehler zu machen, wie jeder andere auch. Aber die gute Nachricht ist, dass sich heute jeder verändern muss. Dank des Internets ist der Wandel jetzt demokratisch. Jeder muss sich ändern oder den Preis dafür zahlen, dass er langsam, aber sicher zurückfällt. Die gute Nachricht ist, dass wir alle die Macht haben, diesen Wandel zu bewältigen, wenn wir diese Macht nutzen wollen. Diese Macht ist in der Lernpyramide zu finden. Und diese Macht ist die Macht Ihres Geistes.

Eines der besten Erlebnisse in Vietnam war, dass ich die Macht des Geistes aus erster Hand erfahren habe. Wenn Sie mit den Veteranen sprechen, die tatsächlich im Kampfeinsatz waren, werden viele Ihnen von Menschen erzählen, die weit über die geistigen, körperlichen und emotionalen Grenzen hinausgingen, die die meisten von uns im Alltag behindern.

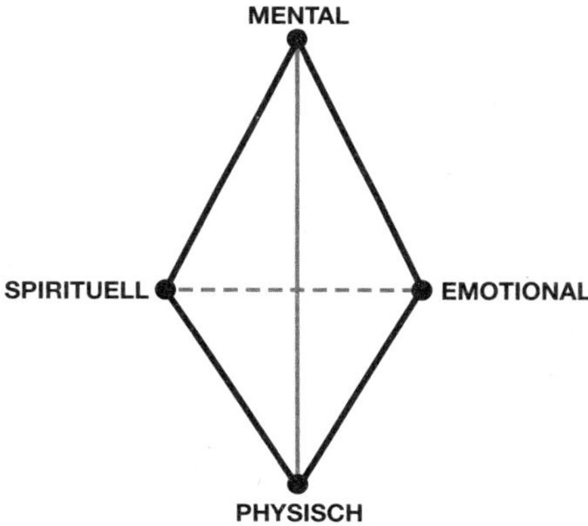

Einer meiner Klassenkameraden und guten Freunde aus der Grundschule, Wayne, hat ein Jahr lang eine der gefährlichsten Missionen des Krieges als LRRP (Long Range Reconnaissance Patrol – Langstrecken-Aufklärungspatrouille) ausgeführt. Ein »Lurp«, wie das Akronym oft ausgesprochen wird, ist eine Person, die in einer kleinen Kampfgruppe hinter den feindlichen Linien abgesetzt wird, um Informationen zu sammeln. Sie bleiben oft eine Woche bis zwei Monate lang hinter den feindlichen Linien und leben von dem, was das Land bietet.

Eines Abends war ich bei Wayne zu Hause in Hawaii und wir sprachen über die Veränderungen, die wir durchgemacht haben, als wir in Hawaii aufwuchsen, aufs College gingen und dann in den Krieg zogen. Wir sprachen darüber, wie die Erfahrung des Krieges uns dramatisch verändert hat, wer wir sind und was unsere Grundwerte sind. Wir erzählten uns Geschichten und sprachen voller Bewunderung über junge

Männer, die Mut und Heldentaten weit über die sogenannte Pflicht hinaus vollbrachten.

Während dieses Abendgesprächs sagte Wayne leise: »Es gab zwei Einsätze, bei denen ich der Einzige war, der lebend zurückkam. Ich bin heute am Leben, weil tote Männer weitergekämpft haben.«

Ich vermute, dass der Grund, warum so viele Vietnam-Veteranen emotionale Schwierigkeiten haben, darin liegt, dass wir in einem Krieg gekämpft haben, den wir als Land nicht zu gewinnen gedachten. Und diejenigen, die zurückkamen, sind nur deshalb am Leben, weil wir Freunde hatten, die ihr Leben gaben, damit wir leben konnten. Darüber hinaus kamen wir in ein Land zurück, das heimkehrende Soldaten oft bespuckte, anstatt ihnen für ihre Taten zu danken, ob sie nun richtig oder falsch waren. Auch ich habe tote Männer gesehen, die weitergekämpft haben – Männer, die körperlich, geistig und seelisch eigentlich tot waren –, doch ihr Geist hat weitergekämpft, damit andere leben konnten. So tragisch solche Erfahrungen auch sind, die Lektionen, die ich über die Kraft des menschlichen Geistes gelernt habe, waren in meinem Leben und in Waynes von unschätzbarem Wert. Wenn ich heute jemanden sagen höre: »Aber was, wenn ich Geld verliere?« oder »Was, wenn ich einen Fehler mache?« oder »Was, wenn ich versage?«, lächle ich einfach mein diplomatisches Lächeln, nicke mit dem Kopf und gehe weg. Es fällt mir immer noch schwer, Mitgefühl für jemanden zu empfinden, der Angst hat, 10 000 Dollar zu verlieren, wenn ich gesehen habe, wie andere ihr Leben verloren haben.

Wir müssen jedoch nicht in den Krieg ziehen, um Beispiele für die Macht des menschlichen Geistes zu finden, eines Geistes, den wir alle besitzen. Vor einigen Jahren nahm ich an einem Leichtathletiktreffen für körperlich eingeschränkte Menschen teil. Dort sah ich einen anderen Klassenkameraden, der bei einem Autounfall verletzt worden war und dem beide Beine amputiert werden mussten. Er war 50 Jahre alt, hatte beide Beine verloren und lief mit seinen neuen Prothesen den 100-Meter-Lauf. Während er lief, sah ich seine körperlichen Einschränkungen nicht. Ich konnte nur sehen und fühlen, wie sein Geist ihn antrieb. Während er lief, erfüllte sein Geist und der Geist der anderen körperlich eingeschränkten Menschen die Zuschauertribüne. Die meisten von uns begannen zu weinen, als deren Geist den unseren berührte. Ich wurde erneut an die Macht des menschlichen Geistes erinnert. Ich erkannte, dass ich zwar körperlich besser dran war als er, aber er war in einer viel besseren körperlichen Verfassung als ich. Sein Geist hatte sein körperliches Handicap in eine körperliche, geistige und emotionale Stärke verwandelt. Wir alle haben Zugang zu derselben Macht und Kraft des Geistes.

Wir alle haben Stärken und wir alle haben Schwächen

Ich war akademisch nicht gesegnet. Ich bin nicht das, was das Schulsystem einen intelligenten Schüler nennen würde. Emotional war ich nicht gesegnet, einfach wegen meines hitzigen Temperaments, meines Mangels an Geduld und meiner mangelnden Aufmerksamkeit für Details. Auch körperlich war ich nicht gesegnet. Ich bin weder ein großartiger Sportler noch bin ich mit großer körperlicher Schönheit gesegnet. Doch heute würde ich sagen, dass ich persönliches Glück und finanzielle Freiheit gefunden habe, weil ich immer an die Kraft des menschlichen Geistes erinnert wurde. Sowohl meine Väter als auch meine Mutter hatten diesen Geist und ermutigten mich, in Zeiten großer persönlicher Zweifel auf diese Kraft zurückzugreifen. Ich bin heute am Leben, weil, wie mein Klassenkamerad Wayne sagte, »tote Männer weiterkämpften«. Ich bin heute der, der ich bin, weil ich eine Frau geheiratet habe, die einen starken, kraftvollen Geist hat – einen Geist, der mir vertraute und mir zur Seite stand, als andere sagten, sie solle gehen.

Ich weiß, dass ich ohne Kims geistige Stärke nicht da wäre, wo ich heute bin. Ich wäre heute nicht hier, wenn ich nicht meine Freunde hätte, die mir zur Seite standen und mir aufhalfen, als ich fiel und den Glauben an mich selbst verlor. Ich habe meine finanzielle Freiheit nicht aufgrund meiner körperlichen, emotionalen oder geistigen Stärke erlangt. Die Menschen um mich herum haben mich ermutigt weiterzumachen, auch wenn ich den Kontakt zu meinem eigenen Geist verloren hatte. Ich war in der Lage, Veränderungen vorzunehmen und an neuen Herausforderungen zu wachsen, einfach weil andere Geister meinen Geist zum Weitermachen inspirierten. Und ich für mich habe immer Freiheit gefunden, wenn ich meinen Geist gefunden habe.

In Zeiten tiefer persönlicher Zweifel und Dunkelheit denke ich häufig über ein Gedicht von Ella Wheeler Wilcox nach, das ich in James Allens Buch *Wie der Mensch denkt, so lebt er* gelesen habe: »Wille«.

Sein wirst du, was du willst sein.
Lass Scheitern finden seinen falschen Inhalt
In diesem armen Wort »Umgebung«.
Geist aber schmäht es, und ist frei.

Er meistert Zeit, erobert Raum,
Er schüchtert ein den prahlerischen Gauner Zufall,
Befehligt den Tyrannen Umstand
Ungekrönt an eines Dieners Platz.

Des Menschen Wille, die verborgne Kraft,
Sprössling einer ewigen Seel,
Kann ebnen sich den Weg zu jedem Ziel,
Durch ein sich schiebende granitene Mauern selbst.

Sei unduldsam nicht in Verzug,
Wart bloß als ein Verstehender;
Wenn Geist sich hebet und befiehlt,
Bereit sind Götter zu willfahren.

Dank meines Willens war ich in der Lage, zu lernen, meine Emotionen richtig zu beherrschen, körperlich zu handeln, auch wenn ich voller Zweifel war, hinzufallen und wieder aufzustehen.

Schlusswort

Was ist der Preis dafür, Ihren Finanzbericht in Ordnung zu bringen?

»Buchhaltung führt zur Verantwortlichkeit.«

Rich Dad

Ich höre oft: »Ich will nichts über Buchhaltung lernen. Ich bin nicht daran interessiert, einen aktuellen Finanzbericht zu führen.« Wenn ich solche Kommentare höre, stimme ich zu, dass es die individuelle Entscheidung eines Menschen ist zu lernen, was er lernen möchte. An diesem Punkt wiederhole ich oft einen Spruch von Rich Dad: »Buchhaltung führt zu Verantwortlichkeit.« Mit anderen Worten: Einer der Vorteile des Studiums der Buchhaltung und des ständigen Bemühens um die Verbesserung der eigenen Bilanzen besteht darin, dass man sich selbst gegenüber mehr Verantwortung übernimmt. Und sich selbst gegenüber verantwortlich zu sein, ist der Preis, den man zahlen muss, wenn man wirklich reich werden will.

Nachdem ich mein erstes Geschäft verloren hatte, sagte mein reicher Vater zu mir: »Wenn dein Auto kaputt ist, bringst du es zu professionellen Mechanikern, und die reparieren es. Das Problem mit deinen finanziellen Problemen ist, dass nur eine Person diese Probleme reparieren kann, und diese Person bist du.« Weiter erklärte er: »Deine finanzielle Situation ist ähnlich wie dein Golfspiel. Du kannst Bücher lesen, Seminare besuchen, einen Trainer engagieren und Unterricht nehmen, aber letztlich kannst nur du dein Golfspiel verbessern.« Einer der Gründe, warum so wenige Menschen zu großem Reichtum gelangen, liegt darin, dass die Menschen, wenn sie in finanzielle Schwierigkeiten geraten, nicht wissen, wie sie aus diesen wieder herauskommen. Niemand hat ihnen jemals die Grundlagen beigebracht, wie man ein bestimmtes finanzielles Problem diagnostiziert, in dem sie sich befinden könnten. Die Folge ist, dass die Menschen zwar wissen, dass sie in finanziellen Schwierigkeiten stecken, aber nicht wissen, wie man einen Finanzbericht liest oder wie man genaue Finanzunterlagen führt, sodass sie nicht wissen, wie ernst ihre finanziellen Probleme sind oder wie man sie lösen kann.

Die Konfrontation mit meinem ruinierten Finanzbericht war eine schmerzhafte Erfahrung.

Doch mich meinen Problemen zu stellen, war das Beste, was ich hatte tun können. Anstatt Zeit damit zu verschwenden, so zu tun, als hätte ich keine Probleme, stellte ich mich meinem Finanzbericht und meinen Problemen und fand heraus, was genau ich nicht wusste und was ich lernen musste, um meine finanzielle Situation zu verbessern.

Als er sah, wie ich angesichts des finanziellen Desasters stöhnte und ächzte, sagte mein reicher Vater: »Wenn du bereit bist, der Wahrheit ins Auge zu sehen und aus deinen Fehlern zu lernen, wirst du viel mehr über Geld lernen, als ich dir je beibringen könnte.« Er fuhr fort und erklärte: »Wenn du dich deinem persönlichen Finanzbericht stellst, stellst du dich dir selbst und deinen eigenen finanziellen Hzausforderungen. Du beginnst herauszufinden, was du weißt und was nicht. Wenn du dir Reinen Finanzbericht ansiehst, bist du dir selbst gegenüber verantwortungsvoll. So wie ein Golfer niemanden für seine schlechte Scorecard verantwortlich machen kann, wirst du persönlich verantwortlich, wenn du dir deine Buchhaltungsunterlagen ansiehst.«

Mich meinen finanziellen Problemen zu stellen und sie zu lösen, war die beste Ausbildung, die ich hätte bekommen können, denn indem ich mich meinen Fehlern stellte, wurde ich für meine eigenen Unzulänglichkeiten verantwortlich gemacht. Indem ich mich meinem Finanzbericht stellte, fand ich heraus, dass ich schlechte Finanznoten hatte. Mir wurde klar, dass ich in Finanzfragen nicht so klug war, wie ich dachte. Indem ich diese Noten verbesserte, lernte ich, was ich lernen musste, um finanziell frei zu werden – und das ist der Preis, den ich bezahlt habe.

Ein letzter Gedanke

Es gibt viele Möglichkeiten, reich zu werden. Ein Weg ist, auf die Kreditkarten zu verzichten und geizig zu leben. Ich habe mich dagegen entschieden, weil der Preis dafür zu hoch war. Eine andere Möglichkeit ist, jemanden wegen seines Geldes zu heiraten. Auch das hätte ich tun können, aber der Preis war viel zu hoch, obwohl es eine beliebte Methode ist, schnell reich zu werden. Eine weitere Möglichkeit, reich zu werden, ist es, ein Gauner zu sein, aber dieser Preis ist mir definitiv zu hoch. Wiederum eine Möglichkeit, reich zu werden, besteht darin, sein Finanzwissen und seine Finanzintelligenz zu verbessern und sich selbst gegenüber Rechenschaft abzulegen und verantwortlich zu sein – verantwortlich für seine Ergebnisse, seine Weiterbildung und seine persönliche Entwicklung, um ein besserer Mensch zu werden. Für mich war das ein Preis, den ich zu zahlen bereit war.

Werfen Sie noch einmal einen Blick auf einen Finanzbericht, um sich daran zu erinnern, was mein reicher Vater als wichtig bezeichnet hat.

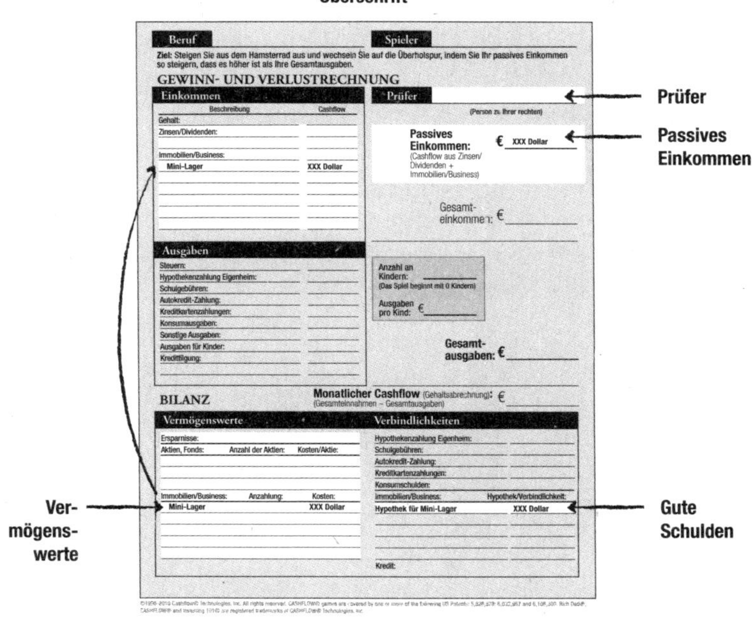

Ich danke Ihnen für die Lektüre dieses Buches. Ich hoffe, dass Sie den Preiszahlen werden zu lernen, was Sie lernen müssen, um finanziell frei zu werden.

Anhang

Beruf ____________________ **Spieler** ____________________

Ziel: Steigen Sie aus dem Hamsterrad aus und wechseln Sie auf die Überholspur, indem Sie Ihr passives Einkommen so steigern, dass es höher ist als Ihre Gesamtausgaben.

GEWINN- UND VERLUSTRECHNUNG

Einkommen

Beschreibung	Cashflow
Gehalt:	
Zinsen/Dividenden:	
Immobilien/Business:	

Prüfer ____________________

(Person zu Ihrer rechten)

Passives Einkommen: € ____________
(Cashflow aus Zinsen/ Dividenden + Immobilien/Business)

Gesamt-einkommen: € ____________

Ausgaben

Steuern:	
Hypothekenzahlung Eigenheim:	
Schulgebühren:	
Autokredit-Zahlung:	
Kreditkartenzahlungen:	
Konsumausgaben:	
Sonstige Ausgaben:	
Ausgaben für Kinder:	
Kredittilgung:	

Anzahl an Kindern: ____________
(Das Spiel beginnt mit 0 Kindern)

Ausgaben pro Kind: € ____________

Gesamt-ausgaben: € ____________

BILANZ

Monatlicher Cashflow (Gehaltsabrechnung)**:** € ____________
(Gesamteinnahmen – Gesamtausgaben)

Vermögenswerte

Ersparnisse:

Aktien, Fonds:	Anzahl der Aktien:	Kosten/Aktie:

Immobilien/Business:	Anzahlung:	Kosten:

Verbindlichkeiten

Hypothekenzahlung Eigenheim:	
Schulgebühren:	
Autokredit-Zahlung:	
Kreditkartenzahlungen:	
Konsumschulden:	

Immobilien/Business:	Hypothek/Verbindlichkeit:
Kredit:	

Über den Autor
Robert Kiyosaki

Er hat sich als Autor von *Rich Dad Poor Dad*, das erfolgreichste Buch aller Zeiten zum Thema persönliche Finanzen, einen Namen gemacht. Robert Kiyosaki stellte infrage und änderte die Art und Weise, wie Millionen von Menschen auf der ganzen Welt über Geld denken. Er ist Unternehmer, Trainer und Investor und glaubt, die Welt braucht mehr Unternehmer, die Arbeitsplätze schaffen.

Durch seine Sichtweise auf Geld und Investitionen, die oft im Widerspruch zur konventionellen Weisheit steht, hat Robert T. Kiyosaki sich einen internationalen Ruf für Tacheles-Reden, Respektlosigkeit und Mut erworben und ist ein leidenschaftlicher und unverblümter Verfechter der finanziellen Bildung geworden.

Robert T. und Kim Kiyosaki gründeten das Rich Dad Unternehmen, ein Bildungsunternehmen für Finanzwissen, und sind die Erfinder der CASHFLOW-Spiele. Im Jahr 2014 nutzte das Unternehmen den weltweiten Erfolg der Rich Dad-Spiele zur Einführung eines neuen und bahnbrechenden Spielangebots im Bereich Mobil- und Online-Gaming.

Robert wird als Visionär gesehen, der eine Gabe zur Vereinfachung komplexer Konzepte hat – Ideen rund um Geld, Investitionen, Finanzierung und Wirtschaft – und hat seine persönliche Reise zur finanziellen Freiheit auf eine Art und

Weise mitgeteilt, die bei Publikum aller Altersgruppen und jedweden Werdegangs Widerhall findet. Seine grundlegenden Prinzipien und Botschaften wie »Ihr Haus ist kein Vermögenswert«, »für Cashflow investieren« und »Sparer sind Verlierer« – entfachten einen wahren Feuersturm an Kritik und Spott. In den letzten zwei Jahrzehnten haben seine Lehren und Philosophien sich auf der Weltwirtschaftsbühne auf eine Weise manifestiert, die sowohl als beunruhigend als auch als prophetisch zu bezeichnen sind.

Sein Standpunkt ist, dass »alte« Ratschläge – aufs College gehen, eine gute Stelle finden, Geld sparen, Schulden abbauen, langfristig investieren und diversifizieren – in der heutigen schnelllebigen Zeit des Informationszeitalters obsolet geworden sind. Die Philosophie und Botschaften seines reichen Vaters stellen den Status quo infrage. Seine Lehren ermutigen die Menschen, sich in finanziellen Angelegenheiten weiterzubilden und eine aktive Rolle bei der Investition in ihre Zukunft zu übernehmen.

Als Autor von 25 Büchern, darunter der internationale Bestseller *Rich Dad Poor Dad*, ist Robert ein gefragter Gast bei den Medien der ganzen Welt – von CNN, BBC, Fox und anderen Nachrichtensendern über Al Jazeera, GBTV und PBS bis hin zu Talkshows wie Larry King Live und Oprah oder Zeitungen und Magazinen wie *People, Investors Business Daily, Sydney Morning Herald, The Doctors, Straits Times, Bloomberg, NPR, USA TODAY* und Hunderte von anderen – und seine Bücher stehen seit zwei Jahrzehnten ganz oben auf den internationalen Bestsellerlisten. Er unterrichtet und inspiriert auch weiterhin das Publikum auf der ganzen Welt. Um mehr zu erfahren, besuchen Sie die Webseite RichDad.com.

Rich Dad Official CASHFLOW®-CLUBS

Ihr „spielerischer" Weg aus der finanziellen Tretmühle

Die Vorteile Mitglied eines CASHFLOW®-Clubs zu werden:

Investieren Sie Zeit, bevor Sie Geld investieren

Die Philosophie der Rich Dad Company sagt, dass Sie nur *zwei* Dinge investieren können:
Zeit und Geld. Wir empfehlen Ihnen sich etwas Zeit zum Lernen und für Weiterbildung zu nehmen, bevor Sie Ihr Geld investieren. Die CASHFLOW®-Spiele bieten Ihnen die Möglichkeit, sich finanziell weiterzubilden und zu lernen, wie man richtig investiert – mit Spielgeld und nicht mit Ihrem „richtigen" Geld.

Treffen Sie Gleichgesinnte weltweit

Sie werden Gleichgesinnte treffen und neue Freundschaften auf der ganzen Welt schließen, wenn Sie einen CASHFLOW®-Club besuchen, Mitglied werden oder die CASHFLOW®-

Spiele gemeinsam spielen. Die Welt ist voll von Menschen, die eine ablehnende Haltung haben, Besserwisser sind oder eine Verlierer-Haltung haben. Die Art Mensch, die sich für einen CASHFLOW®-Club interessieren, sind aufgeschlossene, lernwillige Menschen, die ihr Leistungsvermögen erweitern möchten.

Haben Sie Spaß am Lernen

Lernen soll Spaß machen! Sehr oft ist das Thema finanzielle Bildung stumpf, langweilig oder sogar mit Angst besetzt. Viele Finanzexperten möchten Ihnen weismachen, wie riskant Investieren ist und dass Sie deren Beratung und Wissen trauen können. Das spiegelt die Rich Dad Philosophie nicht wider. Wir glauben, dass Lernen Spaß macht, Sie fördert und weiterbringt – Sie sollen mit Geld schlauer umgehen und zwischen guter und schlechter finanzieller Beratung unterscheiden können.

Kernphilosophie der CASHFLOW®-Clubs ist die Vermittlung von finanzieller Bildung zur Erhöhung des Wohlstands der Menschheit.

Es werden Ihnen keine Investment- oder Finanzprodukte angeboten.

Finden Sie über unsere Website einen CASHFLOW®-Club in Ihrer Nähe: www.cashflowclubs.de/clubs

CASHFLOW® 101

Mit Spaß zu mehr finanziellem Erfolg

in Deutsch verfügbar

Durch das Lesen von Büchern lernt man nicht alles. Fahrradfahren zum Beispiel kann man nicht durch das Lesen eines Buches lernen.
Robert T. Kiyosakis Vater brachte ihm vieles durch Wiederholung bei. Aus diesem Grund hat er das Bildungsspiel CASHFLOW® 101 und die Fortgeschrittenenversion 202 entworfen.
Wenn Sie bereit sind, zu lernen, wie man passives Einkommen erzielt, kann CASHFLOW® ein wichtiger erster Schritt dabei sein.

Bestellen Sie einfach und bequem im Internet über www.cashflowclubs.de/shop